O Labirinto A-Ω

UMA INTRODUÇÃO AO PROPÓSITO
DA CONSTRUÇÃO DE LABIRINTOS

Clive Johnson

Labyrinthe Press

Copyright © by Clive Johnson.
1ª Edição/Março de 2017. Esta edição é de Março de 2019.

Todos os direitos reservados. Este livro não pode ser reproduzido, no todo ou em parte, por qualquer processo mecânico, fotográfico, electrónico ou por meio de gravação, difundido ou de qualquer forma para uso público ou privado – além do uso legal como breve citação em artigos e criticas – sem prévia autorização do editor.

Labyrinthe Press
Leigh-on-Sea, Reino Unido
www.labyrinthepublishers.com

Layout ©2017 BookDesignTemplates.com
Ilustração da capa © iStock, by mammuth/Peter-Zelei
Outras ilustrações © sfermin
Distribuído por Ingram

British Catalogação da Biblioteca Britânica em Dados de Publicação
Labirinto Alpha-Omega / Clive Johnson. –1ª ed.
ISBN 978-1-9162277-0-5 (edição impressa)
ISBN 978-1-9162277-1-2 (edição electrónica)

Também disponível em formato áudio digital.

As edições em papel e e-books deste livro estão disponíveis em vários idiomas.

Promoções e descontos aplicados a vendas de grande volume. Para mais detalhes, contacte info@labyrinthepublishers.com.

Índice

Prefácio 1

Introdução 5

O Labirinto ao longo do tempo 11

A razão de existência dos labirintos? 27

De que Forma Entrar no Labirinto? 57

Quais a Etapas para uma Experiência num Labirinto? 71

Notas e referências 81

Bibliografia 86

O Guia de Recursos do Labirinto 91

Prefácio

A IDEIA DE EMBARCAR numa viagem de 16100 quilómetros pode parecer uma loucura para a maioria das pessoas. Fazer uma viagem destas e ao mesmo tempo transportar uma tela de lona enrolada pode parecer uma insanidade, especialmente quando acompanhada de uma ideia de que será convencer desconhecidos ao longo do caminho não só a abrir as portas das suas casas e permitir colocar um tapete estranhamente desenhado nos seus espaços, mas também estar recetivo para receber qualquer um que o deseje percorrer.

Confesso que tive muitas dúvidas sobre o lançamento deste projeto. Por um lado, a ideia surgiu de repente, após uma reunião inspiradora da The Labyrinth Society, uma comunidade de várias centenas de pessoas que são fanáticas sobre descobrir, fazer, colecionar e andar em labirintos.

Nem tão pouco pensei em todos os desafios envolvidos e muito menos no custo ou o tempo que tal viagem pudesse levar. Mas como sou um nómada por natureza, e gosto de seguir o que o meu coração me diz – aceitei a sugestão daquele a que chamo "O Grande Divino".

Então, sem grandes planos de viagem para que este projeto, comecei a organizar minha primeira noite de estadia, respirei fundo e investi mais de 1500€ das minhas poupanças para construir um labirinto.

É difícil de expressar em palavras a paixão que me move, juntamente com a equipa de apaixonados por labirintos e que formam o núcleo dos membros da The Labyrint Society, a entrar nestas aventuras.

Os labirintos têm uma atração mágica – passear num labirinto não é apenas uma caminhada despreocupada, é semelhante ao passear um cão, prestando sempre atenção ao que o rodeia. Todos os tipos de emoções podem emergir quando entramos no caminho do labirinto – juntamente com novas ideias, reflexões e inspirações para novas ações quando terminar.

O labirinto é uma arquitectura remota, um segredo conhecido pelos nossos antepassados ao longo de muitos séculos. Para entrar num labirinto não necessita de nenhuma formação específica ou experiencia. Todos o podem experimentar desde jovens a idosos ricos e pobres; todas as nacionalidades; todas as religiões; pessoas fisicamente aptas ou pessoas com limitações - o labirinto está aberto a todos os que o queiram experimentar, sem julgamentos, e tratando todos de forma igual.

"Nenhuma outra experiência pode clarificar as razões da nossa existência e ensinar-nos tão claramente que estamos todos no mesmo caminho", afirma Helen Curry, ex-presidente da The Labyrinth Society [1]. "Nada mais parece falar de maneira tão eficaz para pessoas de diferentes religiões e origens culturais".

Talvez esta seja uma das razões pelas quais o entrar num labirinto se tornou tão popular nos últimos anos - enquanto a caminhada de cada pessoa é única e feita no próprio tempo e forma, o labirinto é aceitar e abraçar tudo.

Uma das razões que mais me atrai a caminhada em labirintos é o facto de que existe toda uma bela diversidade de humanidade, mas também é sua capacidade de transcender qualquer afiliação a uma religião em particular ou outras crenças. A sua vasta oferta estende-se a várias religiões, e, acolhe igualmente pessoas sem fé ou tendo um ponto de vista particular sobre assuntos "espirituais".

Neste pequeno livro, explico algumas das razões porque acredito que o labirinto tem tanto poder. Faremos a nossa viagem - parando em vários lugares e épocas da história para perceber como os labirintos foram usados por diferentes culturas, antes de retornar ao dias atuais, para que a sua importância nos faça sentido no aqui e agora.

Vamos descobrir de que forma os labirintos foram usados para ajudar pessoas a enfrentar variadas situações das suas vidas - incluindo a cura, a reconciliação e a aproximação das comunidades. Esta breve pesquisa, encaixa-se perfeitamente com uma reflexão sobre as razões dos labirintos serem tão atrativos para tantas pessoas.

Vamos explorar o que pode encontrar quando iniciar a sua viagem num labirinto e expor algumas ideias sobre como iniciar essa mesma viagem

Por fim, terminamos a nossa viagem observando algumas das opções disponíveis para descobrir mais sobre o assunto e encontrar oportunidades para mais experiências em labirintos perto do local onde vive em qualquer outro lugar - seja em grupo ou individualmente. O capítulo final do livro oferece um reportório de livros, periódicos, podcasts, links de sites e vídeos de "como fazer" para ajudá-lo a explorar e aproveitar ainda mais os labirintos - incluindo a possibilidade de construir um no seu próprio espaço.

Introdução

A MINHA PRIMEIRA CAMINHADA num labirinto começou há dez anos atrás. O que me chamou a atenção para esta primeira experiência foi um pequeno anúncio que vi numa revista de eventos, em que convidava os visitantes para um passeio num labirinto à luz das velas numa igreja muito próxima do local onde vivia.

O facto desta caminhada em particular ocorrer numa igreja não é especialmente significativo - como descobri mais tarde quando me tornei um caminhante regular de labirintos juntamente com outras pessoas que durante aquela noite também entraram no labirinto, em que muitos dos quais se consideravam ser qualquer coisa menos religiosos. Mas a impressionante arquitetura gótica desta alta igreja paroquial num bairro residencial de Brighton e

Hove, na costa sul de Inglaterra, combinada com iluminação subtil e música ao vivo, não deixou de me impressionar.

Todas as cadeiras tinham sido retiradas da ampla nave da igreja para dar espaço ao grande manto de lona na qual o labirinto estava pintado. 112 velas iluminavam o limite circular do próprio labirinto em tons azul royal sóbrio. Esta gigante criação reproduz exatamente o padrão e medidas de um famoso labirinto que pode ser encontrado na Catedral de Chartres, em França.

Foi inspirado por um labirinto de tela semelhante regularmente apresentado na Grace Cathedral, em São Francisco - um dos primeiros exemplos de um labirinto portátil que foi trazido para um espaço público contemporâneo. O labirinto de telas da Grace Cathedral foi agora substituído por um permanente, que foi construído de raiz a partir do piso da catedral, mantendo a popularidade do original.

A minha primeira caminhada foi guiada por um gentil cavalheiro com um sorriso radiante e uma aura paterna (que desde então se tornou um grande amigo). O organizador do evento fez um breve resumo da história dos labirintos, antes de indicar algumas diretrizes para a caminhada. Depois das luzes serem apagadas, o nosso anfitrião sinalizou o início da caminhada no labirinto, com o bater de pratos de um Chime Tibetano, em que, um por um dos participantes, de forma tranquila e organizada, se posicionaram na entrada da ampla tela.

Serenamente aguardei pela minha vez, esperando uns vinte minutos ou mais até me sentir pronto para começar minha caminhada. Desde então descobri que esta sensação de saber esperar pelo momento certo para avançar, geralmente replica-se novamente dentro do próprio labirinto - às vezes sinto um impulso para avançar num ritmo mais acelerado e outras vezes para me mover muito devagar.

Ao dar o primeiro passo para entrar no labirinto senti que tinha vencido uma primeira barreira. Já lá dentro, tive a sensação de estar distante do que poderia estar a acontecer lá fora - as minhas preocupações limitavam-se apenas a caminhar e respirar, sabendo que nada mais era esperado de mim.

Esta ideia de estar num espaço diferente quando entro dentro do labirinto é enfatizada pelo estudioso de labirintos Hermann Kern, que comenta: "O importante é que a linha externa [do labirinto] separa claramente o espaço exterior do interior" [2]. Este espaço interno é um lugar onde nos podemos conectar com nossas vidas pessoais.

Não me recordo ao detalhe da minha primeira caminhada. Sei que cheguei ao centro - não que isso fosse o mais importante – fiquei por breves momentos agachado na tela enquanto outros circulavam ao meu redor. Havia muitas pessoas a caminhar naquele dia, algumas passavam por mim durante a minha caminhada, outras vinham na minha direção, em direções opostas, e outras apenas visualizava na minha visão periférica indo e vindo, enquanto apareciam e desapareciam nas suas jornadas ao longo do sinuoso labirinto.

Quando terminei a caminhada, regressei ao meu lugar e aproveitei para processar toda esta experiência que adorei. Senti-me em paz, renovado e muito confortável com o lugar a que tinha chegado. Não me recordo de todos os pensamentos que me surgiram durante a caminhada, por isso não é uma má ideia ter um caderno à mão quando se termina um labirinto, para o caso de surgirem novas ideias ou inspirações, como quase sempre acontece.

Estava ciente que queria mais experiências em labirintos. Felizmente, a igreja organizou uma caminhada matinal regular, embora num labirinto menor. Tornei-me um frequentador destas caminhadas matinais e rapidamente criei sólidas amizades com o grupo de colegas caminhantes que se juntaram a mim para tomar café e comer croissants depois da nossa primeira caminhada. Alguns de nós ocasionalmente estendemos esta prática, realizando uma caminhada lenta e reflexiva em direção à praia, que ficava a poucos quarteirões a sul da igreja.

Anos mais tarde, realizou-se uma viagem a Chartres. Aqui, em momentos específicos, ainda é possível caminhar pelas mesmas 270 pedras que marcam o caminho do labirinto no piso da catedral.

O Labirinto A-Ω

É extraordinário pensar na imensidão de visitantes que trilharam este mesmo caminho desde o século XIII.

Clive Johnson

CAPITULO 1

O Labirinto ao longo do tempo

O LABIRINTO DE CHARTRES é particularmente conhecido, talvez porque a catedral tenha sido durante muitos séculos um destino importante para os peregrinos. Nestes visitantes incluíam-se também aqueles que não podiam viajar para Jerusalém; o labirinto oferece um foco simbólico para a peregrinação.

Muitos caminhavam pelas telhas de pedra fria seguindo longas e árduas jornadas para alcançar a cidade sagrada, com a sua imponente catedral surgindo a muitos quilómetros antes de chegarem ao seu destino. Para um peregrino, chegar ao centro do labirinto de uma catedral tão grande seria chegar à Nova Jerusalém.

O desenho do labirinto de Chartres é extraordinariamente belo. No padrão, há 112 lunações ou motivos ornamentais que marcam a borda externa do labirinto. Com uma simetria quase perfeita, o labirinto é tanto um testemunho da grandeza e obra-prima desta catedral notável, como são os muitos vitrais que brilham no seu grande espaço, incluindo as excepcionais janelas rosas que banham os transeptos norte e sul, e as esculturas primorosamente trabalhadas que adornam o seu exterior.

Costuma-se dizer que a grande rosácea no extremo oeste da nave se transpunha exatamente para o plano do labirinto, sendo capaz de ser alavancada do seu plano vertical para o chão da catedral. No entanto, o eminente investigador do labirinto Jeff Saward refutou essa teoria [3]. No entanto, os mistérios sobre o significado do desenho do labirinto continuam a envolver estudiosos, alguns especulando que pode ter proporcionado um espaço para a realização de uma cerimónia na Páscoa que envolveu a passagem de uma bola entre os sacerdotes, outros sugerindo que pode ter sido usado como um calendário detalhado.

Outros exemplos notáveis de geometria sagrada podem ser encontrados neste espaço, mas poucos são tão elegantemente proporcionalizados quanto o labirinto [4]. A obra-prima gótica de Chartres é uma das várias catedrais, abadias e igrejas proeminentes da Europa que abrigam um labirinto. Outros exemplos incluem os labirintos de Amiens, Poitiers e Saint-Quentin (sabe-se que outros existiram, mas foram destruídos desde então).

Catedral de Chartres, lar do mais conhecido labirinto do período medieval

Noutros locais da Europa, os labirintos podem ser encontrados em ambientes alternativos, tendo até mesmo sido usados para diferentes propósitos.

Junto da costa da Escandinávia e no norte da Alemanha, por exemplo, até 600 labirintos em forma de pedra foram encontrados em assentamentos que são conhecidos como 'Troy Towns', uma vez que essas estruturas moldam de perto padrões labirínticos encontrados em Impressões cretenses em que os jovens reeditam uma batalha de Tróia.

Todas as escavações na Escandinávia seguem o design clássico. Uma variação disso, bastante conhecida como estilo 'Roda Báltica', também é encontrada em muitos países de língua alemã. A proximidade dos labirintos escandinavos com a costa sugere que eles eram locais de reunião importantes para os pescadores.

Supõe-se que os homens das aldeias reúnem-se no labirinto para rezar ou realizar um ritual antes de sair para o mar. As orações eram oferecidas para a sua proteção, em que pediam a Deus uma boa pescaria. Talvez também alguns homens tenham percorrido o labirinto antes de se lançarem em águas perigosas. Podemos apenas imaginar que pensamento lhes corria na mente, e que medos podem ter carregado nos seus corações.

Do outro lado do continente, nas ilhas e territórios onde os gregos dominavam, abundam outros exemplos de labirintos, reais, escritos ou pintados em vasos. Sem dúvida, o mais famoso deles é o labirinto do Palácio de Knossos, na ilha de Creta (embora este seja um labirinto que pode ser conhecido pela mitologia, no entanto, ainda não foi confirmado por qualquer evidência física).

O Labirinto A-Ω

Labirinto clássico, medieval e báltico

Como já deve saber, o famoso conto da mitologia grega conta a história do Teseu ateniense, que, com a ajuda de uma espada e um novelo de cordel, oferecido pela filha apaixonada do rei cretense Minos, Ariadne, consegue vencer um monstro temível que está preso no centro de um supostamente inescapável labirinto. Depois de derrotar o Minotauro, Teseu refaz seus passos seguindo o fio que ele havia desenrolado anteriormente na jornada anterior, até o outro extremo que estava amarrado pela entrada do labirinto. O casal então foge para a ilha de Naxos, deixando Minos furioso, e promete punir o criador do labirinto.

Este labirinto foi projetado por Daedalus, um engenhoso inventor, como uma forma para abrigar o Minotauro, o qual Minos estava envergonhado de apresentar como seu filho. A cada ano, sete homens jovens e sete mulheres jovens eram enviados do continente como uma oferta para satisfazer o apetite insaciável do Minotauro. Após a resolução de Teseu do enigma do labirinto e a derrota do Minotauro, Daedalus fugiu do reino de Minos, mas o rei furioso prendeuo numa torre inexpugnável como punição pela suposta assistência a Teseu. Mais tarde, encontra-se novamente na história envolvendo o seu filho Ícaro, que ficou famoso por estar perto demais do sol, causando o derretimento do selo de cera nas asas que o seu pai havia feito como um meio de escapar da sua prisão na torre.

O "labirinto" de Daedalus pode ser o que hoje chamamos de "labirinto". Incluí muitos becos sem saída e encruzilhadas, desenhado para manter o Minotauro preso em segurança no centro, bem como prender qualquer um que ousasse entrar. No entanto, Teseu encontrou o único caminho verdadeiro - o labirinto - o qual não se propõe a enredar nem enganar aqueles que trilham o seu caminho. Os labirintos de quebra-cabeça modernos incorporam o mesmo princípio - para aqueles que conhecem o seu segredo, há um caminho simples e descomplicado para o centro.

De facto, a primeira menção da palavra "labirinto" não apareceu na língua inglesa até o século XIV, possivelmente sendo inventada por Geoffrey Chaucer. Antes disso, qualquer caminho contido marcado para um propósito cerimonial pode ter sido conhecido como um labirinto, ou melhor, labyrinthe or labyrinthum, os seus equivalentes em francês ou latim.

O conceito de labirinto de quebra-cabeça - ou uma estrutura que deliberadamente se propõe a divertir e desafiar com as suas inúmeras ruas cegas -

não aparece até o período elisabetano, embora se saiba que várias civilizações usaram labirintos para enredar ou confundir um visitante inconsciente.

Por exemplo, a história no épico Mahabharata de Abhimanyu, filho do grande guerreiro hindu Arjuna, conta como o jovem aprendeu como chegar ao campo de batalha e mostrou como derrotar os seus inimigos, mas ainda sem mencionar como regressar. O conto é descrito no folclore hindu como um labirinto, que tem uma notável semelhança com o estilo cretense, embora seja uma variante distinta do padrão clássico.

A versão hindu, conhecida em sânscrito como Chakra-vayu (literalmente, "formação de batalha de roda"), representa o arrangement de tropas num padrão labiríntico. Encontrase em numerosos relevos, assim como na literatura hindu, tântrica e jainista.

Os antigos labirintos eram tipicamente marcados em pedra no chão, ou formavam um motivo num mosaico de chão; os labirintos de jardim com sebes parecem ter sido uma invenção do período renascentista posterior.

Em contraste com os maze, um labirinto tem apenas um caminho (pelo menos normalmente). Mesmo onde dois ou mais caminhos são oferecidos como meio de entrada - como é o caso de alguns labirintos especialmente projetados - qualquer caminho seguido leva ao centro do labirinto. Este é o ponto: não há nada para se preocupar, a não ser seguir o caminho e confiar que chegará onde deseja.

Acreditase que a derrota de Teseu pelo Minotauro tenha sido regularmente representada pelos cretenses e depois pelos romanos nas chamadas "danças de guindaste" ao redor de um labirinto, lembrando também o triunfo dos gregos em Tróia, e também conhecido como o " Jogo de Tróia '. Isso dános um exemplo adicional dos usos para os quais labirintos foram colocados - para propósitos cerimoniais e comemorativos.

Alguns cristãos primitivos adaptaram o mito de Teseu para retratar os perigos do inferno que enfrentam aqueles que não seguem o único caminho. O seu encontro com o centro deveria ser devorado, não salvo. No entanto, é justo ressaltar que os cristãos também acreditavam que o labirinto é uma alegoria do caminho da alma em direção a uma nova Jerusalém, e que apenas os infiéis poderiam esperar que a sua jornada terminasse com uma descida ao inferno.

Esta representação do labirinto talvez não seja muito útil quando consideramos os usos que os labirintos são usados hoje em dia. Por um lado, normalmente não entramos num labirinto na expectativa de encontrar um monstro ou ter que enfrentar os nossos demónios, e menos ainda não sermos capazes de encontrar a saída. Demónios podem ocasionalmente surgir quando se realiza qualquer forma de meditação, no entanto, se o fizerem, podemos ter certeza de que enfrentá-los será para o nosso próprio bem. É verdade também que o labirinto pode nos levar a ver a nossa sombra - a parte de nós que podemos não reconhecer como sendo nós mesmos, ou que queremos fugir. Mais uma vez, reconhecer e fazer as pazes com a nossa sombra é importante se quisermos crescer e tornarmo-nos seres humanos totalmente integrados.

Desde o tempo dos romanos, que os labirintos foram considerados um espaço para proteção. São um espaço seguro, mesmo quando entramos em contacto com as nossas vidas interiores. O mesmo acontece com círculos de pedra, bosques de florestas e círculos de pessoas - todos são vistos como uma fonte de energia positiva, sendo mantidos por um espírito de compaixão. Felizmente, os labirintos de hoje geralmente não têm minotauros batendo no chão no seu interior. Em vez de serem espaços que nos dominam, são locais de descoberta e crescimento. Como Hermann Kern refere: "No labirinto você não se perde. Você se encontra." [5].

A forma clássico de labirinto (não o tipo que se propõe a enredar) pode ser vista no padrão impresso nos labirintos bálticos das cidades de Tróia. Padrões semelhantes foram encontrados em labirintos descobertos na América do Norte e na Índia.

Exemplos desse padrão podem ser encontrados em manuscritos jainistas, hindus e budistas, bem como em instalações físicas que foram descobertas de lugares tão distantes quanto Java e Afeganistão. Tais labirintos datam da época da Grécia clássica e, obviamente, tinham significado para as religiões orientais.

Labirintos ainda mais antigos foram descobertos no Egito, como o delineamento de um templo mortuário fundado pelo faraó Amenemhet III. Mais cedo ainda, um retratado numa tabuinha de argila foi encontrado em Cnossos, que foi datado por volta de 1400 aC. Um exemplo, um pouco mais tarde, foi encontrado num tablet escavado no local do palácio de King Nestor na Grécia, é a referência mais antiga de um labirinto que foi datado de forma positiva - por volta de 1200 aC. No entanto, labirintos esculpidos como petróglifos nas faces rochosas perto de Pontevedra, no noroeste da Espanha, podem precedê-lo em até 800 anos, e os padrões labirínticos encontrados nas antigas tábuas da Babilônia podem ser datados com razoável segurança para o mesmo período. Exemplos etruscos antigos também foram encontrados.

O que está claro é que os labirintos têm um histórico muito longo - talvez tão longo quanto a própria história registada.

Sem surpresa, talvez, os romanos se interessassem por labirintos, ao menos com admiração do ponto de vista do mérito artístico, se não pelo seu significado místico ou cosmológico. Muitos mosaicos do período romano incorporam padrões elaborados de labirinto no seu design, caracteristicamente representando um caminho angular, que é completado numa sequência, movendose de um quadrante da área do piso para outro.

O escritor romano Plínio, o Velho (23/24-79 dC) inclui uma lista de labirintos na sua História Natural, sugerindo que os labirintos tinham mais do que apelo estético para os romanos (embora o catálogo de Plínio descreva principalmente terríficos mazes subterrâneos). A importância do labirinto como um símbolo sobreviveu no que é hoje a Itália e em outros lugares do sul da Europa após a queda do Império Romano do Ocidente, embora seja mais frequente encontrar registos em colunas ou paredes da catedral do que como um caminho que pode ser percorrido [6]

No mundo celta, os labirintos parecem ter desempenhado um papel importante. O labirinto em espiral e ascendente em Glastonbury Tor, no oeste da Inglaterra, é um exemplo famoso, localizado num local que se acredita ter importância geomântica [7].

O viajante Gernot Candolini recorda uma explicação do significado deste labirinto particular de um homem que conheceu neste lugar sagrado durante uma excursão pelos labirintos da Europa: "'O labirinto é o ventre da mãe', afirmou o homem, 'o cordão umbilical que conduz à terra'. "É a dança das mulheres", disse uma mulher, "e vocês, homens, nunca vão entender" [8]. Se é verdade que o labirinto é "um símbolo da Terra, o ventre da alma e um espaço de dança", como outro observador oferecido a Candolini durante a sua visita a Glastonbury, podemos dizer com justiça que o labirinto tem um papel poderoso em conectar-nos com a própria base sobre a qual andamos, o provedor de tudo o que comemos e que nos oferece uma base segura sobre a qual construir os nossos lares - a Mãe Terra ou Gaia.

A história dos labirintos nas Américas continua sendo uma história ainda não contada. Desenhos foram descobertos no Brasil, na América do Sul, enquanto há numerosas menções na história dos povos nativos americanos a partir do século XVIII. Os petróglifos de labirinto aparecem em vários estados do sudoeste - principalmente Novo México e Arizona - sendo uma das primeiras referências a labyrinths encontradas na América do Norte.

O conceito do labirinto como Mãe Terra, o doador da vida, é visto em muitas representações indígenas americanas. O renascimento espiritual e o processo de passar de um mundo a outro também são considerados importantes no simbolismo do labirinto para o povo Hopi.

Variações notáveis no padrão clássico são encontradas nos desenhos e cestaria nativos americanos, incluindo um labirinto quadrado com duas entradas, e um padrão que combina o caminho sinuoso familiar do labirinto clássico, junto com o que parece ser uma perna de aranha (veja o diagrama abaixo).

Exemplo de um labirinto cosido numa cesta Pima de 1920, exibindo uma variação incomum no design clássico

O labirinto dos dias de hoje

Chegamos ao tempos de agora. Acreditase que mais labirintos foram criados durante os últimos trinta anos do que em toda a história humana. Até certo ponto, isso pode não surpreender - a população mundial cresceu exponencialmente nos últimos cem anos, e é claro, temos meios mais eficazes para produzir artefatos portáteis e comunicar informações sobre eles do que os nossos ancestrais.

No seu livro, *Walking a Sacred Path*, Rev, Dr. Lauren Artress descreve o interesse sem precedentes no labirinto da Grace Cathedral em São Francisco, que foi aberto ao público pouco antes da véspera do Ano Novo de 1991.

O evento foi mencionado numa reportagem, mas ninguém poderia prever que uma fila se formaria do lado de fora da grande catedral em Nob Hill, das 18h à meianoite. "Abrir o labirinto ao público foi como abrir as comportas de uma represa", lembra Artress [9]. "Não havia como contêlo; Não havia como voltar atrás. As coisas nunca mais seriam as mesmas.

Quão verdade essas palavras provaram ser. Tal era a popularidade do labirinto da Grace Cathedral, que Artress foi logo convidada a levar o seu ministério do labirinto para muitos outros nos Estados Unidos, assim como em todo o mundo.

A grande inovação com o labirinto da Grace Cathedral foi o uso de uma tela portátil - uma que podia ser levada de um lugar para outro, colocada de acordo com a necessidade, e depois dobrada novamente para permitir que o espaço ocupado por ela fosse usado outros fins. Através da intervenção de Lauren Artress, e da inspiração anterior da professora de Nova Era, a Dra. Jean Houston, o labirinto foi restabelecido como um espaço bem conhecido para cura, meditação, reflexão, construção de comunidades, pacificação e muitos outros fins.

O Labirinto A-Ω

Os labirintos portáteis podem ser alugados e partilhados entre vários grupos ou comunidades. A iniciativa Labyrinth Around America não seria possível sem essa inovação, obviamente exigindo um único labirinto que possa ser transportado de um lugar para outro. No entanto, mais labirintos permanentes foram criados em muitos locais. Alguns são feitos de pedra, tijolos ou ardósia, outros são feitos com o encaixe de esteiras de borracha; alguns são cortados na relva, outros são marcados com tocos de árvores.

Para aqueles que são capazes de viajar ou que têm a sorte de morar perto desses lugares, os labirintos construídos pelos nossos ancestrais ainda podem ser percorridos em muitos locais - como o labirinto de relva gigante em Saffron Walden em Essex (Reino Unido), o labirinto de floresta em Damme Priorado na Alemanha e, claro, os labirintos decorativos do chão da Catedral de Chartres e outros edifícios da igreja no norte da Europa.

Exemplos mais recentes incluem o labirinto de 11 circuitos que tem vista para o Pacífico no Land's End, em São Francisco, Labyrinth em The Edge nas montanhas Amathole da África do Sul, e a instalação na Universidade de St. Thomas em Houston, Texas. Talvez haja um labirinto perto da sua casa? Talvez você seja o único a dar lar a um novo?

CAPITULO 2

A razão de existência dos labirintos?

SE OS LABIRINTOS SÃO ENCONTRADOS em muitos locais pelo mundo fora, abrangem uma longa história, e muitos milhares de pessoas descobriram um propósito real para os querer caminhar, e poderíamos perguntar a razão de tanta atração. Qual é exatamente o propósito de andar num labirinto e o que acontece com uma pessoa quando entra no seu caminho?

Como já deve estar claro no nosso breve passeio em vasos de labirintos na história, não há uma única finalidade que possa ser atribuída à atração do labirinto. Os labirintos têm sido usados para encenações comemorativas (como é o caso das "danças de guindaste", realizadas para recordar a vitória de Teseu sobre o Minotauro), como um local de reunião para oração e preparação (como no caso dos pescadores escandinavos que vieram para pedir proteção nas suas traiçoeiras missões), e como um caminho para a peregrinação (como no caso dos muitos peregrinos que vieram para o grande labirinto de Chartres e outros lugares).

Os labirintos também têm sido atribuídos como locais onde se praticaram jogos, rituais sagrados, e velhos inimigos passaram a deixar de lado as suas diferenças.

Mais importante - e, sem dúvida, responsável pela sua popularidade nos tempos modernos - pelo que provavelmente foram vários milénios, os indivíduos chegaram ao labirinto simplesmente para receber o seu abraço, para se distanciar das preocupações da vida quotidiana e apenas para "ser".

O conceito de "apenas ser" é um assunto com o qual é falado com bastante frequência hoje em dia, e é fácil descartar essa noção como sendo uma ideia bastante singular ou mesmo trivial.

Para mim, permitir a nós mesmos 'ser' significa parar de nos concentrar em situações do passado e nas coisas que podem acontecer. Significa desistir de qualquer ideia de ter que fazer qualquer coisa, mesmo que apenas por um momento - apenas para estar consciente de que estamos respirando e vivos. Também significa estar presente, ou realmente experienciar o que está a acontecer no momento - como perceber os sons que se podem ouvir ao fundo, o toque do vento na nossa pele, ou apenas observar como estamos de pé (ou qualquer outra postura), e a nossa conexão com o chão.

'Ser' significa tornarse consciente de que temos um corpo e que também temos uma vida interior. Abrir os nossos corpos para receber e encontrar o nosso interior quando respiramos, o labirinto ajuda-nos a estabelecer uma ligação com a vida mais profunda, à qual, por vezes, damos pouca atenção.

Curiosamente, quando temos experiências raras, momentos fugazes de "ser", parece que perdemos todo o sentido do tempo físico; o que parece ser um instante pode, na verdade, ser muito mais longo do que tempo decorrido nos nossos relógios. Por outro lado, o que pode parecer passar por um longo período pode durar apenas alguns minutos num relógio convencional.

Caminhar muitas vezes parece trazer um novo tipo de consciência - não apenas aquela em que as regras normais do tempo não parecem se aplicar, mas também porque parecemos estar num estado completamente diferente.

Como Lauren Artress refere, "Quando entramos no caminho do labirinto, um novo mundo nos cumprimenta. Este mundo não está repleto de divisões e divisões entre mente e corpo. Tecida dentro desta experiência é uma nova visão da realidade "[10]. O entusiasta do labirinto italiano, Gernot Candolini, faz um comentário semelhante: "Quando uma pessoa caminha, aprende a ouvir a sua alma" [11].

Andar pelo labirinto pode envolver momentos como estes - em parte porque tomamos a decisão de não nos preocupar com o tempo que está a passar, mas acredito também que, quando estamos plenamente conscientes de ser, algo místico acontece. Este é um dos difíceis de explicar as coisas que muitas vezes acontece durante a maioria das formas de meditação (e andar num labirinto é uma maneira de praticar a meditação).

Mencionamos vários outros motivos comuns para andar em labirintos, inclusive para receber inspiração, garantia e orientação. Não é incomum abordar o labirinto com uma questão específica em mente, talvez sobre um assunto que pode estar incomodando você ou quando você precisa tomar uma decisão sobre qual curso seguir adiante.

Mantendo uma pergunta em mente enquanto você caminha em direção ao centro do labirinto, mas não a analisa ou joga ideias diferentes em sua cabeça, não é incomum que uma nova ideia apareça ou que seja inspirada. Isso pode nem sempre acontecer durante uma caminhada, mas pode cair na consciência algum tempo depois, provavelmente quando você menos espera.

O Labirinto A-Ω

Os psicólogos podem ter algo a dizer sobre o que acontece, especialmente aqueles que concordam com as teorias do grande psicólogo suíço Carl Jung. Os seguidores junguianos podem sugerir que, quando uma pessoa se permite separarse dos seus pensamentos conscientes, geralmente muito ocupados, tornase mais sensível a trazer à consciência o que normalmente existe apenas num nível subconsciente. Quando nos aprofundamos em nós mesmos, temos a capacidade de penetrar na sabedoria infinita - e podemos nos basear no que é conhecido como o inconsciente coletivo, ou a grande reserva de conhecimento, experiências e projetos para a vida que é acessível a qualquer ser humano.

Portanto, se pudermos confiar na sabedoria coletiva de todos ao longo da história, em vez de confiar nas nossas próprias mentes analíticas limitadas, não será de surpreender que ideias inesperadas comecem a aparecer quando entramos no labirinto.

Esta pode ser a explicação de alguns psicólogos, mas os seguidores de certas tradições religiosas podem preferir falar em termos de sermos capazes de 'conectar com o coração', ou 'entrar em contacto com Deus / O Divino / A Verdadeira Fonte ', quando somos capazes de dar um descanso à nossa mente egoísta. A jornalista e investigadora de labirintos Virginia Westbury destaca "sentimento, coração, conexão e individualidade" como conceitos que parecem estar por trás da nossa atual atração pelo labirinto [12].

Não penso que seja importante que a explicação esteja certa, e que a experiência de muitas pessoas possa convencê-los de uma forma ou de outra (eu incluído), de onde inspiração ou orientação vem durante uma caminhada de meditação ou labirinto ser comprovado empiricamente.

Ainda assim, acho intrigante considerar brevemente a possibilidade de outra crença avançada pelos pensadores junguianos - a noção do arquétipo. Arquétipos são padrões de comportamento, ou - se preferir - modelos para viver, que existem no inconsciente.

Tal como acontece com o conceito do inconsciente coletivo, os arquétipos fazem parte de nosso ADN estendido - nascemos com a capacidade e a tendência de explorar essas plantas intemporais para a vida que guiaram os nossos ancestrais e podem nos orientar também. Exemplos incluem o herói, que procura ser forte e competente; o mago, cujo lema é que criamos as nossas vidas a partir das visões que imaginamos; e a mulher ou homem sábio, cuja provações e amadurecimento a leva à integridade.

Alguns dizem que o labirinto é um arquétipo em si, mesmo que seja algo que não podemos apenas ver, mas andar. Talvez ele represente "A Grande Mãe", Gaia, o organismo infinitamente complexo chamado Terra, do qual todos vivemos e partes intrinsecamente conectadas.

Para outros, o labirinto tem um significado cosmológico, talvez seja um modelo do próprio Cosmos, com o seu jogo sempre evolutivo da vida em toda a sua diversidade e aparentes manifestações individuais, mas que estão de alguma forma conectadas, e que se fundem naquilo que nos pode definir como tendo pontos em comum.

Estamos avançar numa fuga para a frente. O que o labirinto pode ou não representar realmente não importa. Não precisamos saber porque a inspiração pode vir quando caminhamos, nem por que nos sentimos em paz ou aparentemente desconectados do tempo mundano. Nós só precisamos de confiar que o labirinto irá trabalhar sua magia- e simplesmente "ser".

Uma das belezas do labirinto é que ninguém sabe como originalmente surgiu, porque é encontrado em tantas partes do mundo, nem porque tantas pessoas se deparam com experiências maravilhosas ao passá-lo. Quando nos aproximamos do seu abraço, chegamos a algo que eu acredito ser sagrado; algo que contém mistério e poder.

Acho que é assim que deve ser. Não precisamos de esperar que o labirinto mostre os seus segredos com facilidade. Tudo o que precisamos fazer é caminhar e - se pudermos - desistir um pouco da nossa confiança na versão do próprio ego de 'verdade' por um curto período de tempo.

O Alfa e o Ómega

Para mim, o labirinto representa o que pode ser chamado de "Alfa e Ómega" da vida de uma pessoa e a sua integração ao "todo" - a fusão de um indivíduo com uma essência única. Esta é certamente a minha percepção ao chegar ao centro e perceber que sou apenas uma parte da constelação de caminhantes em constante mutação à minha volta.

Se o "Alfa" é o indivíduo egoísta (muito no modo como o "macho alfa" descreve alguém que é levado a dominar um grupo), então o ómega é o todo, o verdadeiro Eu, e a transcendência do indivíduo.

O centro é um lugar de integração: um lugar para descansar um pouco e ser absorvido pelo que está a acontecer ao redor. Apropriadamente, talvez, a letra grega Omega se traduza em inglês como "o grande" - e é uma maneira de descrever o espaço que o labirinto contém. Dito isso, a minha opinião é influenciada pelo meu interesse pelo misticismo e pela espiritualidade. É apenas uma explicação possível para o poder do labirinto.

Experiências ao longo do caminho

Então o que acontece quando entra num labirinto?

Simplificando: não há uma experiência comum que acompanhe cada caminhada. Muitas experiências variadas podem ser encontradas por pessoas diferentes em momentos diferentes, assim como pela mesma pessoa em diferentes caminhadas. Cada caminhada acontece pela primeira vez. Cada caminhada é única.

Deixe-me tentar descrever um exemplo de uma das minhas próprias caminhadas, embora eu deva ter o cuidado de enfatizar que não tenho certeza de que isso possa ser descrito como "típico". A caminhada de todos é única, afinal de contas! Para o propósito da minha ilustração, refiro-me a uma caminhada que é organizada por um facilitador, em vez de andar num labirinto que é acessível livremente a qualquer momento.

Eu costumo abordar o labirinto com a intenção de deixar ir a miríade de pensamentos ocupados que passam pela minha mente - vendo isso como um lugar para meditar, e aceitar o que quer que venha a mim através de imagens, pensamentos ou sentimentos. Por outras palavras, o meu caminho normal em direcção ao centro não é premeditado por uma pergunta ou expectativa específica do que eu poderia experimentar. Simplesmente deixo-me ir, sabendo esta pode ser a única oportunidade que tenho durante o dia para fazê-lo.

Sempre que há oportunidade, normalmente aguardo algum tempo depois do labirinto estar aberto, até que pareça certo dar um passo adiante para começar a minha caminhada. Nada mais do que um impulso gentil pode estar envolvido para me levar a fazer esse movimento, mas o impulso geralmente parece vir de algum lugar dentro de mim, ao contrário de ser deliberadamente pensada... Normalmente não faço grandes planos como 'agora é momento porque o caminho está livre!

É claro que algumas pessoas podem sentir o desejo de se aproximar do labirinto ao mesmo tempo que eu. Nesse caso, espero a minha vez na fila, até que o anfitrião da caminhada me permita entrar no caminho. No entanto, gosto de esperar um momento fora do ponto de entrada do labirinto antes de dar o primeiro passo. Isto dá-me a oportunidade de reconhecer que estou a entrar num espaço diferente daquele de onde venho - uma marca de respeito pelo labirinto, da mesma forma que um crente da Igreja Católica Romana faz o sinal da cruz com a mão ao se aproximar de um altar da igreja.

Acredito que quando damos nosso primeiro passo para o labirinto, atravessamos um limite. Quer isto signifique ou não entrar em um espaço liminar (um lugar onde deixamos para trás o que nos é familiar, mas ainda não sabemos o que vamos encontrar na nova situação em que nos aproximamos), eu não sei, mas para mim, entrar em um labirinto é deixar o mundo externo para trás.

O conceito de cruzar um limiar é em si mesmo um outro propósito para o qual o labirinto foi concebido. Como um ritual de cerimónia, passar por cima de uma linha, ou através de ou sob alguma construção física representando um limite, muitas vezes simboliza o compromisso de entrar num novo estágio da vida.

O Labirinto A-Ω

Numa cerimónia de ritual de passagem - por exemplo, quando uma jovem ou um homem passa da adolescência para a idade adulta - para enfrentar tal limite e depois passar para o outro lado, indica que a pessoa está pronta para assumir as novas responsabilidades que enfrentará no seu novo capítulo da vida. A iniciação de adolescentes à idade adulta em algumas tribos da África, por exemplo, codifica este ritual de transição em uma dança labiríntica (como a Dança do Domba, realizada por jovens do povo de Venda).

Consequentemente, o labirinto pode desempenhar um papel poderoso em cerimónias que marcam importantes transições de vida.

Entrar num labirinto não é normalmente associado a passar de uma fase da vida para outra, mas acredito que cada passo envolve reconhecer a possibilidade de que você será transformado de alguma forma, mesmo que isso não seja imediatamente aparente.

Caminho num passo que me parece adequado. O movimento ao longo do caminho não é uma corrida, e talvez às vezes, como Gernot Candolini observa: "Aqueles que viajam com muita rapidez muitas vezes passam pelo centro sem perceber" [13].

Mantenho os "olhos suaves", ou um olhar que não está firmemente fixado em nada em particular. Normalmente sou vagamente consciente da minha visão periférica dos caminhos que os outros ao meu redor podem estar a percorrer, e percebo onde estou a pisar, mas caso contrário o meu foco é geralmente dentro de mim. Não penso em chegar ao centro, e não é importante se o fizer. A jornada é o que importa, não chegar a um destino.

O meu ritmo pode acelerar às vezes e desacelerar noutros. Às vezes, posso sentir que só quero descansar um pouco, concentrando-me na passagem da respiração pelo meu corpo, ou tomando consciência da forte conexão do meu pé com o chão – tal como a árvore tem as suas raízes fixas no solo.

Alguns desenhos de labirinto, como o design de Chartres, oferecem pontos onde é possível sair do caminho do labirinto por um curto período de tempo. Estas características, como a forma do machado duplo, vista no padrão de Chartres conhecido como labrys, são espaços onde é possível ficar de pé, sentar ou ajoelhar por algum tempo, sem interromper a passagem de outros caminhantes.

No entanto, passar ao lado ou na frente de outra pessoa, ou ser passado por outro, é outro aspecto da beleza do labirinto. É claro que é possível andar sozinho num labirinto, mas quando outros partilham o espaço consigo, na maioria das vezes criamse momentos especiais de consciência de que somos parte de um todo maior. Há algo de especial na energia de andar em um labirinto em comum com os outros.

Costumase dizer que o labirinto é uma metáfora para a vida - que as pessoas seguem os seus próprios caminhos de vida, mas que todos caminhamos para o mesmo destino (para realizar o nosso potencial como indivíduos, sermos salvos das tribulações do quotidiano, ou para encontrar a iluminação). Durante a jornada da vida, é claro, deparamo-nos com outras pessoas - às vezes em nossa direção, às vezes passando por nós, e outras vezes apenas aparecendo na periferia da nossa atenção. Tais encontros acontecem no labirinto também, mas sem envolver uma troca de palavras ou um cruzamento de espadas.

Não sabemos o que os outros podem enfrentar durante as suas caminhadas, que pensamentos podem preocupá-los - tudo o que sabemos é que cada um avança, ao seu ritmo e à sua própria maneira.

Se o labirinto modela a vida no quotidiano, então também pode ser pensado como uma representação do ciclo completo da vida - desde o nascimento no caminho de entrada, passando pela "morte" até os velhos modos de pensar e se comportar no centro, e então emergindo do labirinto como se tivesse renascido.

Isto pode ser considerado um modo exclusivamente cristão de pensar sobre um aspecto do simbolismo do labirinto. No entanto, a noção de vida como um ciclo de morte e renascimento está bem enraizada nas tradições orientais, assim como no pensamento pagão; por exemplo, nas tradições hindu, budista e druida. Assim, para os druidas, um espaço circular também representa o ciclo das estações, com sua borda externa representando a órbita da Terra e seu centro simbolizando o sol, a fonte de toda a vida na Terra.

Geralmente apercebo-me da presença de outras pessoas quando caminho no circuito externo do labirinto. Constato que sou uma pessoa que se movimenta bastante nos limites da vida, feliz na minha solidão e tranquilo por saber que não estou sozinho.

O meu ritmo de caminhada geralmente é percebido no circuito externo - não sei por que isso acontece, mas isso parece ter algo a ver com a aceleração do centro, muitas vezes como uma "estrada clara" à minha frente. A vida em si, é claro, envolve períodos em que parece que avançamos bastante, bem como aqueles em que nos sentimos mais lentos. Pequenas observações desse tipo que podem acompanhar uma caminhada, são exemplos do tipo de reflexões que chegam à superfície e que, de outra forma, normalmente poderiam passar por nós.

Há algo também em se mover em uma direção circular que gera um fluxo de energia. Charles Darwin famosamente costumava andar num passeio de areia no seu jardim em Kent, onde é dito que ele formou as suas teorias sobre a origem das espécies. Esta prática parece ter sido muito benéfica em ajudá-lo a formar seus pontos de vista.

Na mesma linha, uma aplicação moderna do labirinto é para a solução de problemas. Por exemplo,

O Labirinto A-Ω

Sig Lonegren descreve uma técnica em que uma questão separada relacionada a um problema pode ser ponderada em cada circuito de um labirinto clássico [14].

As espirais podem ter um efeito semelhante, no entanto, uma espiral não é um labirinto. O primeiro traz alguém que anda continuamente mais perto do centro e pode não estar virtualmente fechado por um perímetro externo. O caminho de um labirinto, por outro lado, geralmente aproxima-se de órbitas de tamanhos diferentes, ou tem uma rota em vai-vem em direção ao centro.

Devemos notar que os labirintos nem sempre têm uma forma circular, nem os caminhos deles são sempre suavemente sinuosos. As instalações nas catedrais de Amiens, em França, e em Ely, no Reino Unido, por exemplo, exibem um padrão muito angular. No entanto, um perímetro bem definido contém estes e todos os labirintos, e será evidente para qualquer pessoa que por eles caminhe verifique que se estão movendo ao redor e, finalmente, em direção a um centro.

Muitos desenhos de labirintos, como o padrão familiar visto no estilo medieval, envolvem percursos frequentes que nos levam de volta na direção da qual acabamos de chegar. Uma característica engenhosa do padrão medieval (Chartres) é que o seu caminho sinuoso às vezes se aproxima do centro e, em seguida, leva a pessoa para a borda externa novamente. A menos que esteja muito familiarizado com esse padrão e note conscientemente o curso de sua caminhada, é difícil saber onde você está ao longo do caminho - o centro pode estar muito próximo ou ainda estar a certa distância.

Penso que o ir e vir, em direção e para longe do centro, muitas vezes me faz acordar às voltas se achar que minha mente está a vaguear por coisas quotidianas - servindo como um lembrete para desligar e apenas me permitir andar.

Há algo misterioso em mover todo o corpo neste padrão que é muito energizante, e sinto que o funcionamento das energias é amplificado pela relação da nossa posição em movimento em relação aos outros que estão progredindo ao longo das suas próprias caminhadas. Os físicos podem intervir para oferecer uma analogia com a atração gravitacional das estrelas e dos planetas, mas deixarei que tais comparações passem sem questionar o seu significado.

Para os peregrinos que fizeram longas viagens para chegar à catedral em Chartres e em outros lugares, chegar ao centro do labirinto deve ter parecido como chegar ao portão do próprio céu. Para mim, chegar ao coração é normalmente apenas um ponto da jornada. Geralmente sinto-me inclinado a esperar aqui por um tempo, muitas vezes sento-me e fecho os olhos, sinto –me seguro e com os pés na terra, permitindo que o movimento silencioso dos colegas ao meu redor se misture a um borrão.

O Labirinto A-Ω

No entanto, para muitos, chegar ao centro tem maior significado. Isto é, como diz Virgina Westbury, "[um lugar que simboliza] integridade e plenitude, o coração da matéria, nosso coração humano" [15].

Nas ocasiões em que levo uma questão comigo para o labirinto, um descanso no centro oferece uma oportunidade de ouvir e receber o que vier - ou esperar um pouco por uma possível resposta, se não tiver certeza de que recebemos qualquer coisa (na verdade, o que é recebido pode ser percebido num nível subconsciente). O meu caminho para o exterior é agradecer pelo que recebi e estar aberto a como integrar isso no minha vida quotidiana.

Tal como com pausa que realizo antes de iniciar a minha caminhada, muitas vezes espero por alguma pequena inspiração interna para voltar do centro. Embora ainda dentro do espaço do labirinto, a minha jornada externa parece se mover mais rapidamente do que a minha para dentro. Estou consciente de que estou, passo a passo, aproximando-me do ponto em que precisarei novamente atravessar o limiar de volta ao mundo quotidiano, deixando o santuário do labirinto para trás. Isso pode não ser uma perspetiva que eu sempre felicito, mas tenho consciência de que normalmente é o caso de eu sair do labirinto mais bem preparado para encarar o dia à minha frente do que antes de entrar nele. Regresso de alguma forma transformado, até - pelo menos, metaforicamente falando - renascendo.

Se o labirinto é às vezes comparado ao grande ventre da natureza, como se pensa ser entendido pelos criadores dos primeiros labirintos bálticos, então pode haver alguma verdade na noção de que o labirinto é um lugar para renascer - ou onde poderíamos estar preparado para emergir de volta ao mundo tendo sido transformado.

Alguns argumentam que algo semelhante acontece quando estamos em sono profundo - que nos conectamos com um nível de consciência que nos permite refletir, aprender e nos equipar para responder aos desafios que podem estar à nossa frente. Através de encontros tão próximos com o nosso eu interior, a alma pode crescer.

Novamente, estamos no território da conjectura aqui, mas suspeito que algo mais poderoso do que poderíamos perceber acontece quando fazemos o nosso movimento em direção ao coração do labirinto. Eu concordo com Sig Lonegren, que afirma que "labirintos podem trabalhar mágicas reais - momentos que unem mundos... aumentando a possibilidade de unir o nosso modo analítico ou racional de consciência com os nossos níveis intuitivos ou espirituais de consciência" [16].

Certamente, é o que sinto quando a minha respiração estabiliza e a tensão é libertada do meu corpo. E se eu usasse um auscultador durante a caminhada, mais do que provavelmente aprenderia que as minhas ondas cerebrais estão seguindo o padrão de Alfa ou Teta, em vez de ondas Beta – as energias que ajudam na tranquilidade e ajudam a integrar a mente e o corpo. Isto se encaixaria no padrão observado nos estudos de indivíduos em meditação profunda, bem como naqueles que estão num período de sono profundo [17].

Geralmente hesito um pouco antes de sair do labirinto; mas apenas brevemente, porque sei que a minha caminhada deve terminar. Quando ao atravessar o limiar do labirinto quando começo a minha caminhada, uma vez que pisei fora do meu espaço, normalmente volto para silenciosamente agradecer pelo que me deu, antes de retornar ao meu lugar.

O que eu tenho como descrito é apenas um exemplo de uma caminhada. Cada caminhada que fiz no labirinto foi diferente, apresentando pensamentos, imagens e sentimentos inesperados. Acima de tudo, cada caminhada tocou-me de alguma forma – senti-me em paz, segura e, às vezes, perturbada. As mudanças que podem ocorrer no labirinto são aquelas que eu acredito serem úteis para mim e relevantes para o ponto que alcancei na minha vida. Tenho certeza de que o mesmo será verdadeiro para todas as outras pessoas, mesmo que as suas experiências sejam muito diferentes das minhas.

Por agora penso ser suficiente o que abordamos sobre o que acontece com cada individuo no interior do labririnto. Gostaria de voltar agora para considerar algumas das muitas aplicações para a caminhada em labirinto que ainda não mencionamos.

Aplicações do labirinto

Um bom exemplo para começar é um labirinto que foi usado com o propósito de reconciliar diferenças após um período de conflito. O Labirinto de Reconciliação em África do Sul incorpora duas entradas no seu design. Clare Wilson, a sua designer, explica que os dois portais representam os diferentes locais de partida dos sul-africanos que surgiram após os anos do apartheid.

Ao mesmo tempo, esse desígnio incomum serve como um lembrete de que, enquanto as experiências que levaram os indivíduos de onde eles vêm podem ser muito diferentes, ao dar um passo à frente, cada caminhante o faz com um desejo comum de curar a pessoa. Feridas de divisão e, como diz Wilson, "crescer na força de nossa diversidade, começar as nossas jornadas rumo a... [criar] uma África do Sul onde as pessoas realmente se importam umas com as outras e com o que as experiências da vida fizeram para nós" [18].

Passando ao lado de outras pessoas e percorrendo o mesmo caminho que eles trilharam, o labirinto ajuda as pessoas a apreciarem como as suas próprias vidas foram moldadas antes de chegarem a um centro comum.

O primeiro labirinto que incorpora o padrão de reconciliação foi inaugurado num subúrbio da Cidade do Cabo em 2002. Desde então, muitos outros foram estabelecidos em todo o país, seja de forma permanente ou temporária. Um agora é um acessório permanente ao lado de Slangkop Lighthouse, em Kommetje, não muito longe da Cidade do Cabo. Aqui, cursos de três dias de educação são aplicados para crianças, cada um dos quais é oferecido a oportunidade de caminhar pelo labirinto ao lado dos seus colegas jovens cidadãos em formação, muitas vezes provenientes de diferentes origens e bairros.

O design de Wilson foi reproduzido em outras partes do mundo - inclusive em escolas, ambientes terapêuticos e comunitários. O papel do labirinto na construção de pontes geralmente se dá em uma base de indivíduo para indivíduo ou organização para organização, assim como para fornecer um caminho a seguir após um período tenso na história de uma nação. Por exemplo, um desses labirintos na Califórnia está a ser usado para ajudar pais divorciados a encontrar formas de trabalhar juntos, especialmente para decidir respeitar o terreno comum que é necessário para proteger os interesses de seus filhos [19].

O potencial dos labirintos para servir a um propósito unificador e pacificador é exemplificado em outras iniciativas também. Nos Jogos Olímpicos de Inverno de Salt Lake City de 2002, por exemplo, um labirinto de 7 circuitos foi inaugurado como um meio de incentivar a aproximação de funcionários, atletas e visitantes de diferentes nações.

Este Labirinto da Paz Mundial incorporou sete globos no seu desenho, simbolizando os sete continentes. Ao chegar ao labirinto, os caminhantes puderam compartilhar uma prática comum, pacifica.

Inspirada no exemplo de Salt Lake City, Kathryn McLean, a ministra da Igreja Presbiteriana sediada na Flórida e facilitadora de labirintos, co-criou uma versão portátil no mesmo design, que ela usou para várias iniciativas de construção de comunidades no seu estado natal e em outros lugares.

Outras iniciativas do labirinto têm sido destinadas a ajudar na recuperação e restauração da comunidade entre comunidades que estão se recuperando de um trauma coletivo. Exemplos incluem labirintos em Long Beach, Mississippi, que foram usados para ajudar as comunidades locais a reconstruírem as suas vidas após a devastação causada pelo furacão Katrina, bem como após derrames de petróleo no Golfo; um labirinto na Trinity Wall Street / Igreja de St. Paul perto do Ground Zero em Nova York; e um labirinto usado por militares no 30º Batalhão da AG, oferecendo um refúgio tranquilo para reflexão e reintegração após o retorno do serviço no Iraque ou no Afeganistão.

O Labirinto A-Ω

O valor dos labirintos para a construção de comunidades foi reconhecido por muitas autoridades de bairro e cidade. Os labirintos foram comissionados para serem instalados em parques públicos, praças e outros espaços públicos, muitas vezes estimulando a imaginação e estimulando a participação de indivíduos em sua criação.

Por exemplo, na praça da cidade no assentamento montanhoso de La Falda, na Argentina - uma cidade para onde muitos nazistas fugiram após o fim da Segunda Guerra Mundial - um desses labirintos foi co-criado por moradores da cidade com o apoio de seu município, juntamente com a ajuda de uma equipa da organização de labirintos baseada na Califórnia, Veriditas.

"Esperamos que o nosso labirinto seja útil para ajudar as pessoas a se unirem, reconciliando velhos ódios, trazendo cura", comenta Judith Tripp, um dos catorze defensores do labirinto que viajaram para La Falda para ajudar no projeto e na fundação do labirinto [20].

Um legado igualmente valioso que ajudou a popularizar o passeio de labirinto em outra parte do mundo é a instalação de arenito impressivo no Centennial Park em Sydney, Austrália. Este acessório permanente é modelado no design de Chartres e, em grande parte, surgiu como resultado da visão e dedicação de apenas uma mulher.

O projeto começou como a ideia de Emily Simpson, que foi inspirada a trazer um labirinto para a sua cidade natal após sua descoberta do poder unificador do labirinto durante uma turnê pela Escócia. Após anos de trabalho árduo e arrecadação de fundos, o Labirinto do Parque Centenário de Sydney foi dedicado em 2014 em frente a representantes das diversas tradições religiosas da cidade, ao lado de apoiantes que ajudaram Emily a levantar os US $500.000 necessários para concretizar o projeto.

Um dos guardiões da sabedoria do projeto de Sydney, Ab-original ancião da Nação Biripi, Tia Ali Ali Golding, resumiu o que este labirinto em particular significou para muitas pessoas:

"Andar de volta ao país é uma conexão que nosso povo sempre teve com a Mãe Terra. A nossa cultura é definida pela proximidade dos círculos familiares e por permanecer conectada às pessoas dentro dela. O labirinto convida e acolhe as pessoas a percorrer o caminho juntos – invocando cada um na sua plenitude. Vários anos depois da sua inauguração, caminhar regularmente pelo labirinto tornouse uma parte importante da vida de muitos habitantes de Sydney. Caminhadas em grupos ao pôr-do-sol são muitas vezes realizadas lá, e todos os dias, passageiros ocupados, mães com carrinhos de bebê e visitantes de longe, param para fazer uma pausa no espaço calmo do labirinto.

O envolvimento da comunidade na construção de labirintos é evidenciado em projetos em todo o mundo. Assim como na iniciativa La Falda, indivíduos de diferentes localidades e culturas se uniram para participar dessa tarefa.

O carismático artista de Houston Reginald Adams está entre os que inspiraram e lideraram esses projetos, incluindo um labirinto que reuniu estudantes do ensino médio e universitários do Texas com adolescentes no Equador para co-criar um labirinto pelo Equador, perto de Quito. Reginald também emprestou os seus talentos para projetos de labirintos em áreas urbanas, incluindo uma construção sobre os escombros de uma igreja destruída na sua cidade natal, que continua a fornecer um espaço onde antigos frequentadores da igreja e os seus vizinhos podem reunir para contemplar, comungar e orar.

O foco da construção da comunidade também foi assumido em ambientes organizacionais - incluindo labirintos que apareceram em campos universitários, hospitais e nos terrenos da sede corporativa.

No Instituto de Teologia de Mianmar, por exemplo, um labirinto foi criado por professores, funcionários e estudantes, com o propósito expresso de fomentar a vida espiritual da comunidade. O labirinto foi colocado com uma oração para que aqueles que o percorressem encontrassem uma conexão com Deus. Em pouco tempo, os indivíduos começaram a relatar incidentes de cura como resultado de percorrer o caminho do labirinto. Um homem que sofria batimentos cardíacos irregulares relatou que o seu batimento cardíaco havia voltado ao normal após o seu encontro com o labirinto; uma mulher relatou sentirse "levantada" quando andava, apesar de ter um coração fraco e duvidar de ter capacidade física para percorrer o caminho [21].

Um corpo crescente de evidências sustenta as qualidades curativas do andar do labirinto. Em um exame de pesquisas publicadas, o Dr. Herbert Benson, do Instituto Mente / Corpo da Harvard Medical School, está convencido de que tal prática leva tanto à redução da pressão sanguínea quanto à melhora das taxas respiratórias [22]. A dor crónica, a ansiedade e a insónia são, entre outras condições, que as evidências disponíveis sugerem fortemente que podem ser reduzidas pela caminhada regular de um labirinto, independentemente dos benefícios óbvios de relaxamento.

Jeff Saward, uma autoridade líder em pesquisa de labirintos, sugere pelas quais podemos responder ao labirinto: "O labirinto pode ser um caminho de oração, uma oportunidade de se conectar com o Divino e contemplar a magia e o mistério da existência. os encantos convidam a brincadeira, bem como a emotividade, o deleite e a curiosidade, bem como a contemplação "[23].

Na mesma linha, uma extensa revisão feita por John W. Rhodes de dezesseis estudos que exploraram os efeitos positivos de se envolver com um labirinto [24] acrescenta peso à sugestão de que a caminhada em labirinto oferece muitos benefícios potenciais.

Rhodes distingue entre respostas físicas à interação com o labirinto (tais como aumento da calma, redução de stress e ansiedade), e afetos do "estado de espírito" que parecem emergir destes (como maior clareza, maior abertura e reflexividade). São esses estados mentais, sugere Rhodes, que podem tornar um caminhante mais receptivo a flashes de inspiração, palpites e outras sensações semelhantes.

No seu estudo sobre os efeitos do uso do labirinto no Instituto de Teologia de Mianmar, Jill Geoffrion adota uma perspectiva alternativa, distinguindo entre vários tipos de cura relatados pelos praticantes de caminhadas - incluindo a cura emocional, espiritual, relacional e social. "O labirinto parece ser um lugar seguro no qual as pessoas se sentem livres para explorar seus medos profundos, assim como os seus desejos relacionados com as comunidades em que vivem", observa Geoffrion. "[Há] muitas maneiras pelas quais a oração no labirinto resultou em um maior senso de integridade e saúde" [25].

Alguns dos comentários oferecidos pelos caminhantes do labirinto do Instituto de Teologia de Mianmar e em outros lugares certamente parecem confirmar isso:

"Esta foi a primeira vez que a minha mente ficou livre de distrações nos últimos três anos."

"Enquanto rezava [no] labirinto, fui libertado da escravidão do stress."

"Fiquei muito comovido com a experiência e encontrei uma sensação de paz."

"Desde que andei pelo labirinto durante um período de tempo, a depressão que se instalou sobre mim quando meu marido morreu foi suspensa."

Apropriadamente, os labirintos chegaram aos hospitais, asilos e casas de repouso. O labirinto no Peregrino Hospício em Canterbury, Reino Unido, é um dos muitos centros onde um labirinto agora desempenha um papel importante nos cuidados paliativos daqueles que lidam com doenças potencialmente fatais.

Em outros contextos terapêuticos, os indivíduos relataram experiências semelhantes, incluindo o que ocasionalmente tem sido de mudança de vida. Este tem sido o caso em centros como Cottonwood, Tucson, Arizona, um centro residencial dedicado ao tratamento de abuso de substâncias, transtornos do humor e trauma não resolvido. Muitos pacientes que andaram pelo labirinto afirmam que seu encontro os ajudou a confrontar questões profundamente arraigadas, como se sentir pronto para abordar áreas que despertam grande medo para eles e de onde eles estavam fugindo [26].

Parece claro que os efeitos da caminhada no labirinto podem ser muito profundos. Mas, para muitos, a oportunidade de fugir da rotina do dia-a-dia, de se reconectar consigo mesmo ou simplesmente de ficar ininterrupta por um curto período de tempo, são razões suficientes para voltar ao labirinto repetidas vezes.

Os labirintos podem ter muitas aplicações diversas, mas, em última análise, eles não exigem nada mais de nós do que simplesmente entrar nos seus braços, andar e ser. Como o Venerável Boan Sunim, do Templo Puri da Coréia, Gordon, Syd-ney coloca tão bem: "Olhe para os seus pés. Aí está a sua mente. Veja onde os seus pés estão. Você está aí" [27].

CAPITULO 3

De que Forma Entrar no Labirinto?

COMO JÁ PUDEMOS VERIFICAR, os labirintos foram usados para muitos propósitos diferentes finalidades, bem como para muitos outros além daqueles que discutimos. Mas como se deve abordar o labirinto como indivíduo ou, de facto, como uma comunidade de indivíduos?

Anteriormente, descrevi aspetos da minha experiência durante uma caminhada no labirinto. Como mencionei, isso foi para ilustrar um exemplo do que poderia acontecer ao entrar no espaço do labirinto. Não é em vão o que pode descobrir através da sua própria experiência.

De facto, toda vez que entramos no labirinto, devemos esperar ter uma nova experiência. Isto é um pouco como a própria vida - toda vez que embarcamos em algo novo, não podemos antecipar o que pode acontecer.

Nem sempre levo comigo uma questão para dentro do labirinto. De facto, quando tiver uma questão particularmente importante para a qual estou procuro orientação, vou me aproximar do labirinto com o propósito de manter aberta a minha pergunta durante a caminhada interior, abrindo-me para receber qualquer resposta que venha. Alguns apresentadores de labirintos podem oferecer cartões contendo uma palavra, frase ou pensamento, que podem ser deixados na entrada do labirinto para aqueles que desejam levar um com eles durante a caminhada como um possível foco de reflexão.

Uma resposta a uma pergunta feita pode não vir imediatamente, mas muitas vezes uma ideia, uma palavra da nossa voz interior ou um sentimento vem. Além disso, perder temporariamente a visão de uma questão que conscientemente trouxemos connosco para o labirinto não significa que essa questão ainda não tenha relevância - quando perguntamos com real intenção, o nosso subconsciente é perfeitamente capaz de manter nossa investigação, além de ser extremamente sensível a respostas.

Em outras ocasiões, podemos tentar manter o foco em como estamos damos os passos à medida que avançamos. Aqui, o convite é prestar atenção em como os nossos pés entram em contacto com o solo à medida que damos cada passo - sendo conscientes de como movemos cada perna à medida que damos um passo à frente, e então colocamos o calcanhar em contacto com o pé do chão, antes de arquear toda a sola do pé, e finalmente fazer contacto total com o solo.

Ainda em outros momentos, podemos desejar recitar uma oração - uma única palavra ou frase simples - como um meio de ancorar a atenção à medida que seguimos o caminho do labirinto. Um mantra simples que ocasionalmente gosto de repetir toma as palavras do renomado Mestre Zen, Thich Nhat Hanh [28]:

"Inspirando, acalmo o meu corpo e mente.
Expirando, sorrio -
Vivendo no momento presente, sei que este é o único momento.

Para mim, esta é uma forma maravilhosamente poderosa de manter contacto com o presente, à medida que cada frase é recitada enquanto respiro. "Inspirando, calma ... expirando, sorria ..."

Mesmo quando se usa uma âncora, como um mantra ou um ponto focal em uma questão, não é raro perder de vista isso quando sua meditação se aprofunda no decorrer de uma caminhada. E quando a sua mente ocupada deixa de chamar atenção, isso geralmente é uma indicação de que você conseguiu se livrar da mente do ego por um tempo, e se tornou mais consciente do aconselhamento geralmente gentil da sua voz interior.

Ser sensível a quais ideias ou sugestões podem vir a você em tais momentos pode ser especialmente edificante, porque esses (muitas vezes) momentos fugazes são únicos quando chegamos perto de estar em contacto com o nosso verdadeiro eu.

Tudo isso pode soar muito místico e além do conhecimento de alguém que só quer tentar um labirinto a pé. No entanto, não há necessidade de se preocupar com o que você pode ou não sentir ao dar os primeiros passos no labirinto.

Menciono a possibilidade de entrar em um estado meditativo profundo, simplesmente porque essa não é uma experiência incomum.

A verdade é que não há experiências definidas que sejam abertas ao abraço do labirinto. Como referimos anteriormente, cada caminhada é única. Não há certo ou errado - o que será.

O mesmo princípio de que cada caminhada é unica se aplica a como você se move fisicamente da entrada de um labirinto para o seu centro e vice-versa. O anfitrião de uma caminhada pode tipicamente sugerir algumas orientações a serem seguidas, tanto antes quanto depois de caminhar, e ao se movimentar pelo próprio labirinto. Estas podem incluir coisas como respeitar o espaço e o silêncio dos outros (se o reconhecimento não-verbal acontece quando você passa por outra pessoa, isso pode ser bom; mas normalmente, os companheiros caminhantes ficarão sozinhos em sua reflexão).

Questões práticas que visam ajudar a preservar a vida do labirinto também podem ser mencionadas, como um convite para remover calçado sujo, por exemplo, e mencionar como a caminhada termina (por exemplo, o toque de um sino, ou tomando consciência de quando o anfitrião começa a circular lentamente ao redor do perímetro do espaço do labirinto).

Geralmente, essas regras básicas são projetadas para garantir que todos os que partilham uma caminhada se respeitem mutuamente, bem como respeitem o próprio labirinto, e se relacionem com as preocupações logísticas diárias que precisam ser observadas, como o tempo disponível para a caminhada.

Depois de tal orientação, realmente não há regras para o que você faz quando ultrapassa o limiar do labirinto. Mantenha os braços abertos, traga-os na forma de uma cruz diagonal em todo o corpo (não um gesto exclusivamente simbólico para os cristãos, mas também uma maneira de manter a boa postura), ou deixe-os ficar ao seu lado.

Caminhe em qualquer ritmo que pareça certo - diminuindo a velocidade e acelerando conforme se sente inclinado, ocasionalmente fazendo uma pausa, sentindo o que quer que pareça certo no momento. Outros podem se aproximar de si quando o ritmo deles está avançando mais rápido do que o seu, e, é claro, às vezes pode sentir a necessidade de passar por outros que estão à sua frente no caminho.

No centro - se você chegar lá - pode aguardar um pouco, ou pode preferir embarcar em sua caminhada para fora sem parar. Alguns desenhos de labirinto podem tomar um caminho diferente do centro daquele do qual se aproximou; outros o convidarão a voltar pelo mesmo caminho.

É claro que não há necessidade de chegar ao centro, talvez porque isso não pareça certo ou, alternativamente, porque o tempo disponível para a caminhada é limitado. Simplesmente virese em um ponto e, em seguida, retorne pelo mesmo caminho que o trouxe até onde você está agora.

Quando terminar o seu passeio, pode querer esperar um pouco antes de sair para continuar o seu dia. Continue a respeitar aqueles que ainda estão a caminhar, aqueles que ainda não começaram a caminhada, aqueles que estão a refletir sobre as experiências que o labirinto lhes trouxe.

Um anfitrião pode sugerir que é aceitável sair em silêncio quando se sentir preparado ou convidá-lo a permanecer até que todos tenham concluído as suas caminhadas.

Caminhadas facilitadas também podem envolver alguma variação em como a sessão é conduzida. Por exemplo, na igreja em que comecei a caminhar regularmente, enquanto os nossos números ainda eram pequenos, eu e colegas caminhantes costumavam nos reunir no centro para ouvir uma breve leitura antes de retomar as nossas jornadas. Eu costumava valorizar esses momentos de estar em um pequeno círculo com meus amigos, cada um de nós tendo seguido o caminho que nos trouxe para lá do nosso próprio jeito, mas agora tendo chegado a um centro comum. Esses passeios também foram precedidos por uma breve leitura, que foi oferecida como um possível tema para reflexão durante a caminhada interior.

Andar por um labirinto é frequentemente descrito como sendo uma "metáfora para a vida", na medida em que não sabemos quem podemos encontrar ao longo do nosso caminho, nem o que podemos experimentar à medida que avançamos

É claro que nem todos os labirintos são hospedados por um facilitador. Em locais públicos onde um labirinto é permanente ou frequentemente acessível, normalmente há poucas restrições em termos do tempo que você pode querer levar para sua caminhada.

Por vezes, pode estar sozinho e em outros ser acompanhado por um grupo. Se você se encontra a caminhar sozinho por um labirinto, sugiro seguir os mesmos princípios que são normalmente oferecidos como orientação pelo anfitrião de uma caminhada facilitada - respeitando o silêncio e, se quiser, 'sacralidade' do espaço, e respeitando o labirinto em si. Isto significa que não permitidos equipamentos como patins ou skates. E se for um obsessivo com smartphones, coloque o seu telefone em silêncio, pois pode ajudar a ter mais atenção ao assunto em questão!

Espero que o preâmbulo anterior o convença de que não há nada a temer ao se aproximar do labirinto: nenhuma preocupação sobre "fazer a coisa errada", nem se destacar como um recém-chegado ignorante que certamente deixará de dar um passo essencial que só é conhecido por caminhantes de labirinto. Felizmente, o labirinto não faz distinção entre novatos e aqueles que já entraram em seu espaço talvez milhares de vezes antes.

O mesmo pode ser dito de grupos que querem começar uma prática regular de labirinto. O grupo ao qual me juntei começou como uma pequena reunião de apenas dois ou três. Um horário regular para a reunião foi agendado nas nossas agendas, os voluntários foram identificados para ajudar a planear a tela recém-comprada, e nosso facilitador de labirinto treinado se apresentou como nosso anfitrião regular. Inovações como iniciar cada caminhada com uma breve leitura, reunindose no centro e disponibilizar cartões com sugestões de reflexão para aqueles que os desejavam, vieram depois através de discussões mútuas.

Se você está pensando em criar um labirinto na sua organização, clube ou comunidade, sugiro que seja valioso envolver a ajuda de um host experiente por algum tempo, se possível. Alternativamente, pode querer investigar a possibilidade de um membro do seu grupo ser treinado como anfitrião. A pratica é inestimável, atraindo as milhares de horas de experiência coletiva dos labirintos anfitriões e minimizando o risco de que a facilitação inadequada leve os recém-chegados ao labirinto com uma primeira experiência ruim. A Veriditas oferece um programa de treino para facilitadores, e recursos de treino gratuitos em vários idiomas estão disponíveis no Labyrinth Launchpad (os detalhes de contacto estão no final deste livro).

Comprometerse a comprar um labirinto, ou ter um instalado permanentemente, pode envolver um grande investimento inicialmente. Opções estão disponíveis para evitar altos custos iniciais, como emprestar um labirinto ou criar uma versão pop-up.

Consideraremos várias opções possíveis desse tipo no próximo capítulo.

Se houver fundos disponíveis para o comissionamento de um labirinto, pode ser aceitável convidar pequenas contribuições daqueles que se beneficiam de caminhar pelo labirinto ao longo do tempo - embora idealmente de forma voluntária, e reconhecendo as diferentes habilidades e a disposição de pagar dos indivíduos.

O meu próprio senso é que as iniciativas de labirinto que visam encorajar a união de pessoas, tais como fomentar relacionamentos fortes com vizinhos e comunidades, podem ser aumentadas se todos os membros do grupo sentirem que têm um papel a desempenhar na determinação de como o empreendimento evolui.

Oferecer uma breve oportunidade para aqueles que são capazes de partilhar as suas reflexões após uma caminhada, combinada com a oportunidade de conhecer outras pessoas compartilhando conversas gerais, é um meio eficaz de convidar a participação. Ao mesmo tempo, essa atividade encoraja um propósito social aprimorado para as reuniões de um grupo.

Como em qualquer grupo que pretenda ser inclusivo, é importante garantir que os recém-chegados se sintam bem-vindos. É aqui que um host pode desempenhar um papel especialmente importante, oferecendo uma introdução simples e palavras de orientação ao perceber um novo rosto. As apresentações verbais podem ser apoiadas por um simples folheto, oferecido aos recém-chegados para ajudar a fazê-los sentirse à vontade e para apreciar como a prática do labirinto do grupo normalmente funciona. Um folheto de exemplo pode ser acessível através do site da Labyrinth Around America (www.labyrintharoundamerica.net).

Uma outra consideração ao ter um labirinto temporário feito ou um instalado permanentemente, é levar tempo para decidir que projeto parece correto para o uso normal do grupo. Os tipos medievais (por exemplo, Chartres), clássicos e bálticos são mais comuns, mas não há restrições quanto à criação de um design próprio.

Considerações importantes para o projeto podem incluir se o propósito é que o labirinto seja usado para mais de uma finalidade (por exemplo, participar de cerimónias ocasionais, bem como oferecer oportunidades de 'espaço aberto' para caminhantes regulares) e avaliar os benefícios relativos do chamado labirinto processional sobre o que envolve os caminhantes retornar ao longo do mesmo caminho (uma procissão significa que um caminho de saída separado é fornecido àquele usado para alcançar o centro da entrada).

Outras considerações incluirão o tamanho do labirinto que pode ser acomodado pelo espaço disponível, a largura e o comprimento do caminho do labirinto (por exemplo, para levar em conta as necessidades dos utilizadores de cadeira de rodas) e o material usado para criar o labirinto.

As cores usadas para delimitar o caminho do labirinto também podem precisar ser pensadas - cores diferentes têm energias diferentes que podem ou não parecer adequadas, e considerações práticas, como a capacidade de ver o contraste entre as linhas pintadas e o próprio caminho, pode entrar em jogo na sua tomada de decisão.

Ao instalar um labirinto permanente, um projetista e construtor de labirinto experiente deve normalmente ser consultado como parte do processo. Construtores experientes serão capazes de aconselhar sobre aspetos da instalação que poderiam não ser de outra forma apreciados, tais como a localização apropriada do labirinto, e considerações relativas à estrutura do solo subjacente e drenagem (no caso de projetos ao ar livre). Para aqueles que têm interesse no significado geo-manítico de uma localização, um geomante experiente também pode ser consultado.

No entanto, muitas comunidades estabeleceram labirintos por si próprios, aproveitando os vários materiais impressos e online excelentes que oferecem orientação sobre construção e design de labirintos (uma lista de fornecedores é fornecida no final deste livro).

Acredito firmemente que, se houver um testamento entre um pequeno número de indivíduos ou

O Labirinto A-Ω

uma comunidade maior para realizar um projeto de labirinto, o grupo encontrará a maneira de fazer isso acontecer. Muito parecido com o facto de não haver regras rígidas e rápidas para se andar num labirinto, todo projeto comunitário é único. Toda iniciativa é especial, e o labirinto recompensará sempre aqueles que reservam tempo para nutrir sua visão.

CAPITULO 4

Quais a Etapas para uma Experiência num Labirinto?

O PRIMEIRO ENCONTRO com o labirinto cativa a maioria das pessoas. No entanto, um labirinto num lugar distante ou como parte de um roadshow itinerante pode ser inspirador como um evento único, mas e aqueles que desejam repetir a experiência, que opções estão disponíveis?

Encontrar um labirinto

Pode ser que tenha a sorte de ter um labirinto na sua vizinhança, um que fica permanentemente disponível num parque ou praça da cidade, por exemplo, ou uma versão portátil que é regularmente colocada numa igreja, jardim ou salão comunitário. Uma pesquisa simples na Internet deve ser suficiente para identificar se existe algum labirinto por perto.

Um excelente recurso online que é especificamente assinado para ajudar a conectar os labirintos às pessoas que querem conhecê-los é o The Labyrinth Locator (www.labyrinthlocator.com). Este extenso recurso, patrocinado pela The Labyrinth Society e Veriditas, fornece um diretório pesquisável de centenas de labirintos em todo o mundo. Com apenas alguns cliques, o site apresenta todos os labirintos que podem ser encontrados numa determinada localidade.

Outros recursos para localizar labirintos também estão disponíveis, que estão apresentados no final deste livro.

Construir ou comprar um labirinto

Claro, você pode preferir criar um labirinto próprio, seja para um grupo ou para seu uso pessoal. Há muitos exemplos de labirintos que foram formados com pedras de pavimentação em quintais, cortados em relva ou pintados em parques infatins.

Padrões de labirintos bálticos, medievais e clássicos podem ser desenhados com relativa facilidade com o auxílio de alguns conhecimentos básicos e algumas ferramentas básicas (como uma régua

O Labirinto A-Ω

quadrada, fita métrica e um pedaço de corda). Os seus contornos podem ser replicados rapidamente, trabalhando a partir do que é conhecido como "padrão de sementes", um plano simples de linhas e pontos de marcadores que são mapeados próximos ao centro do labirinto. O diagrama abaixo ilustra o processo de desenho de um labirinto de estilo clássico, construído a partir de tal padrão.

Métodos para desenhar o labirinto clássico

Uma série de vídeos, livros e outros materiais do YouTube descrevem como marcar diferentes designs de labirinto. Uma série de exemplos estão listados no final deste livro.

Os labirintos "pop-up" - aqueles que se destinam a ser configurados e depois desmontados após um único evento - podem ser criados usando uma ampla variedade de materiais baratos. Corda de bungee, fita adesiva, velas e linhas de giz estão entre as possibilidades de marcar um caminho temporário. Um labirinto que é cortado numa praia, neve ou no solo de um campo não cultivado não tem custos, mesmo que não seja muito duradouro.

Polycanvas e acrílicos são especialmente populares como materiais de base para labirintos portáteis, oferecendo durabilidade e intempéries. Outros materiais podem ser usados para uso externo mais regular, por exemplo, tecido UPS, o tipo de material que costuma ser usado para produzir banners publicitários temporários.

Entretanto, virtualmente qualquer material será suficiente para criar um labirinto interno que terá uso relativamente limitado, especialmente se os caminhantes tiverem o cuidado de respeitar a natureza danosa do material sobre o qual estão andando (por exemplo, retirar o calçado antes de entrar).

Se você não quiser experimentar criar um labirinto portátil, você pode solicitar ajuda de vários fabricantes de labirintos bem estabelecidos, alguns dos quais estão apresentados no final deste livro.

Muitos deles também podem ajudar na criação de arte-final para designs diferentes dos padrões mais comuns. Por exemplo, o trabalho de Lisa Moriarty, criadora do labirinto do Labirinto da América, inclui exemplos de labirintos que incorporam um motivo de árvore, estão centrados em torno de um centro em forma de coração, e que ecoam a forma angular de muitos labirintos que são vistos em mosaicos romanos, entre outros. As carteiras de outros fornecedores são igualmente variadas.

Projetos para introduzir labirintos em um espaço público, bem como em locais como campus universitário, campus corporativos e casas de repouso, podem exigir uma instalação mais permanente. Tais projetos normalmente requerem orçamentos maiores, e serão muito auxiliados pela experiência de um especialista em labirinto.

Mesmo aqui, os custos podem ser minimizados quando os voluntários estão prontos para se envolver no projeto. Por exemplo, um trabalho de amor combinado com a perícia em construção ajudou a criar o belo labirinto da Árvore da Vida que é protegido por dois carvalhos gigantes nos jardins da Grace Episcopal Church em Houston, Texas.

Labirintos portáteis e labirintos decorativos

Tudo isso pode ser bom para os indivíduos que têm dinheiro, tempo e razão para fazer ou encomendar um labirinto a ser feito para eles, para não mencionar ter o espaço para criar sua nova criação.

No entanto, a maioria de nós não desfruta de tais luxos, e alguns podem não ter acesso fácil a um labirinto público perto das suas casas. Felizmente, existem opções para pessoas que se encontram nessa situação.

"Andar" um labirinto miniatura é uma possibilidade para indivíduos que têm pouco espaço ou que são fisicamente incapazes de andar por um labirinto tradicional. Neste labirinto, o caminho é um sulco, tipicamente esculpido em madeira, moldado em cerâmica ou trabalhado usando algum outro material, e o meio de locomoção é movendo um dedo, em oposição aos pés e pernas.

Labirintos de diferentes tamanhos e pesos estão disponíveis em lojas online e em outros lugares. A maioria é de assentar no colo ou para colocar em pequenas mesas.

A sua forma elegante facilita o armazenamento, embora também possa servir como uma atraente decoração de mesa.

Os labirintos miniatura também têm um papel importante a desempenhar ao permitir que pessoas que, de outra forma, não seriam capazes de percorrer um labirinto tradicional para partilhar essa preciosa experiência, incluindo aquelas que estão acamadas ou cegas. Neal Harris, um conselheiro profissional, criador de labirintos miniatura e membro fundador da The Labyrinth Society, usou labirintos manuais em vários cenários terapêuticos durante mais de vinte anos.

O trabalho de Harris levou-o a ser pioneiro num labirinto duplo, envolvendo o uso de ambas as mãos (ou sendo usado por duas pessoas), que ajuda a equilibrar a atividade dos hemisférios direito e esquerdo do cérebro. A utilização de labirintos ajudou pacientes com AVC que sofreram danos cerebrais a curaremse, entre outros [29].

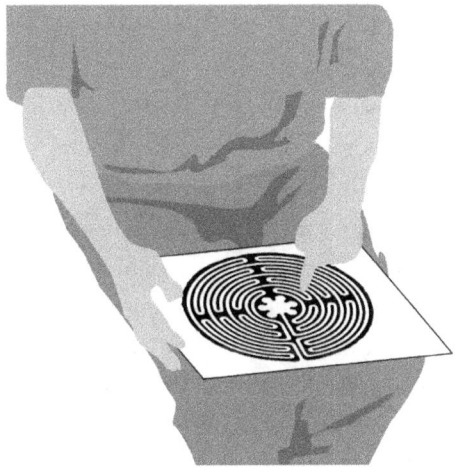

O labirinto miniatura ocupa pouco espaço e pode ser usado por todos em casa

Os labirintos miniatura têm o que eu acredito ser uma vantagem sobre os tradicionais - oferecem ao caminhante a capacidade de fechar os olhos enquanto estão andando, se quiserem, o que para muitas pessoas pode ser uma ajuda para evitar a distração durante a meditação.

Um labirinto que pode ser traçado usando um dedo, não precisa de ser esculpido em madeira ou pedra. Um caminho desenhado numa folha de papel pode servir ao mesmo propósito, sem mencionar um bordado numa capa de almofada ou tapete, projetado numa parede (ou mesmo uma piscina, no caso de um evento especial encenado na Universidade de Nottingham), ou marcada temporariamente numa sandbox.

Os labirintos foram trabalhados em cerâmica, tricotados em quadrados de cobertor e esculpidos com um dedo de massa de jogo. O portfólio de Lisa Moriarty inclui até mesmo um labirinto que foi cortado numa abóbora - uma criação especial para o Halloween! Realmente não há praticamente nenhuma limitação para o que pode ser usado para criar um labirinto.

Um labirinto que é retratado num cartaz, ou que está projetado numa parede, pode ser "percorrido" não apenas traçando o caminho com um dedo, mas seguindo o seu curso com os olhos. Tal abordagem pode oferecer um meio de se conectar com o caminho do labirinto para alguém que está paralisado, para não mencionar qualquer pessoa que possa encontrar um pequeno espaço de parede no qual fixar um desenho de labirinto.

O Labirinto A-Ω

Para todos nós, caminhar por um labirinto não é apenas uma parte do nosso corpo, mas, como diz Paula D'Arcy, "[a caminhada] não apenas com os pés, mas com as mãos, os corações e mentes "[30]. Um passeio pelo coração e pela mente - o mais importante deles - envolve muito pouco movimento físico.

Com tantas oportunidades disponíveis para se envolver com o labirinto, pode haver algumas razões para não se tornar uma dos milhões de pessoas que agora entram no seu caminho.

Que os caminhos que você percorre sejam enriquecedores, e que o labirinto abra mais mistérios à medida que descobrir seus muitos presentes.

Clive Johnson

Notas e referências

[1] em *Labyrinths: Ancient Paths of Wisdom and Peace*, Virginia Westbury, 2001, Aurum Press Ltd, p. 7.

[2] *Through the Labyrinth: Designs and Meanings over 5000 Years*, Hermann Kern, 1982, Prestel Press, New York, p. 23.

[3] 'Is That a Fact?', Jeff Saward & Kimberly Lowelle Saward, originalmente publicado em *Caerdroia 33*, 2003, pp.14-28.

[4] *Geometria Sagrada*: significado crítico ou simbólico na arquitetura e no design aos padrões universais encontrados na Natureza, formas geométricas, proporções e alinhamento.

Sobre o significado da geometria sagrada, Jim Buchanan (Labyrinths for the Spirit: How to Create Your Own Labyrinths for Meditation and Enlightenment, 2007, Gaia, p. 97) sugere que a numerologia cristã está no cerne do projeto do Labirinto de Chatres: dividese em quatro quadrantes (representando os quatro Evangelhos e quatro estágios da Missa); andamos seus onze anéis "no pecado", até chegarmos ao seu centro, ou décimo segundo espaço (sendo doze o número de apóstolos e o múltiplo dos números significando o Masculino (3) e o Feminino (4)).

Sig Lonegren desenvolve ainda mais um aspecto desse simbolismo, alinhando os quatro estágios da Missa com os processos do despertar (levantando a questão "quando é que me tornei ciente disso?"), Sacrifício ("o que terei que fazer para resolvê-lo"? "), transubstanciação (mudança) e culminância ("como será a aparência quando eu fizer essa mudança?") Labyrinths: Ancient Myths and Modern Uses, Sig. Lonegren, 2007, Gothic Image, p. 149).

Em *Labyrinths, Their Geomancy and Symbolism*, Nigel Pennick (*Labyrinths, Their Geomancy and Symbolism*, Nigel Pennick, 1984, Runestaff pp. 16-17) também comenta a numerologia do desenho dos labirintos encontrados em ambientes cristãos, observando que escritos nestes são "o equilíbrio do masculino e feminino, entre Cristo e Lúcifer, e o simbolismo da vida do homem de 'três anos e dez".

[5] Hermann Kern, citado por em *Labyrinths, Walking Toward the Center*, Gernot Candolini, 2001, Crossroads, p. 141.

[6] Maia Scott refere a história dos labirintos italianos em 'The Labyrinth, a Continued Italian Legacy', *The Spirit of Veriditas, Voices From The Labyrinth*, Winter 2009, p. 10.

[7] Geomancia é descrita pelo autor Philip Carr-Gomm (*The Elements of the Druid Tradition*, Philip Carr-Gomm, Element, 1991, p. 96) como "a arte e ciência que determina a localização correta dos templos, círculos sagrados, tumbas e monumentos em relação às forças do céu e da terra. É um conhecimento da sacralidade da terra. Um dos seus princípios básicos é que a Terra carrega correntes de energia vital que fluem em linhas, assim como o corpo carrega correntes de energia subtil, conhecidas pelos acupunturistas chineses como Ch'i".

[8] Candolini, 2001, *op. cit.*, p. 51

[9] *Walking a Sacred Path: Rediscovering the Labyrinth as a Spiritual Practice*, Lauren Artress, 2006, Riverhead, New York, p. 20.

[10] Artress, 2006, *ibid.*, p. 157.

[11] Candolini, 2001, *op. cit.*, p. 30.

[12] Westbury, 2001, *op. cit.*, p. 13.

[13] Candolini, 2001, *op. cit.*, p. 55.

[14] See Lonegren, 2007, *op. cit.*

[15] Westbury, 2001, *op. cit.*, p.14.

[16] Lonegren, 2007, *op. cit.*, p. 3.

[17] Embora o monitoramento preciso das ondas cerebrais seja difícil, realizaramse de forma crescente vários estudos sobre a mudança dos padrões das ondas cerebrais durante o sono ou a meditação. Veja, por exemplo, http://www.brainworksneurotherapy.com/what-are-brainwaves.

[18] *Walking the Path to Tomorrow Together or Reconciling Inner and Outer Journeys*, Clare Wilson, www.peacesanctuary.org, accessed 24 January 2017.

[19] *Steps Toward Common Ground, The Labyrinth's Role in Building Beloved Community* (Doctor of Ministry Thesis), Rev. Kathryn A. McLean, Chicago, Illinois, May 2016, p. 17.

[20] *And by our hands.... The La Falda Labyrinth*, Judith Tripp, http://circleway.com, accessed 18 January 2017.

[21] 'Labyrinth Prayers for Healing in Myanmar', Jill Geoffrion, *Labyrinth Pathways* (3) July 2009, pp. 8-12.

[22] 'Labyrinths, Spirituality & Quality of Life', Bob Gordon, *Labyrinth Pathways* (3) , July 2009, pp. 13-15.

[23] *Magical Paths: Labyrinths and Mazes in the 21st Century*, Jeff Saward, 2002, Mitchell Beasley (Octopus), London p. 205.

[24] 'Commonly Reported Effects of Labyrinth Walking', John D. Rhodes *Labyrinth Pathways* (2) July 2008 pp. 31-37.

[25] Geoffrion, July 2009, *op. cit.*, p. 11.

[26] *Labyrinth Pathways* (10) Sep 2016, The Labyrinth in a Residential Treatment Center, Charles Gillispie , pp. 26-31.

[27] http://www.sydneylabyrinth.org/about/, accessed 14 January 2017.

[28] *Breathe, You Are Alive: The Sutra on the Full Awareness of Breathing*, Thich Nhat Hanh, 1992, Rider.

[29] 'Intuipath® Finger labyrinth and Brain Synchrony', entrevistado por Neal Harris e Tina Christensen, *Labyrinths Matter Newsletter* (5), May 2016, pp. 2-5.

[30] em Candolini, 2001, *op. cit.* p. 9.

Bibliografia

A bibliografia apresentada ilustra as vastas publicações excelentes que podem ser consultadas por qualquer pessoa interessada que deseje aprofundar os seus conhecimentos sobre labirintos. Esta lista não é exaustiva.

A Labyrinthos oferece uma extensa bibliografia através do seu site, www.labyrinthos.net/bibliography.html, incluindo títulos relacionados com áreas especializadas de interesse.

Canvas Labyrinths Construction Manual, Robert Ferré, 2014, Labyrinth Enterprises

Chartres Cathedral, Malcolm Miller, 1997, 2nd edition, Riverside Book Co

Christian Prayer And Labyrinths: Pathways to Faith, Hope, and Love, Jill Kimberly Hartwell Geoffrion, 2004, Pilgrim Press, Cleveland

The Healing Labyrinth: Finding Your Path to Inner Peace, Helen Raphael Sands, 2001, Barron's Educational Series

Kids on the Path, School Labyrinth Guide, Marge McCarthy, Labyrinth Resource Group http://labyrinthresourcegroup.org/wp-content/uploads/2012/03/kids_on_the_path_part_1.pdf (Além disso DVD)

Laberintos: tradición viva (Sapere Aude), Fernando Segismundo Alonso Garzón, 2014, masonica.es (En español)

Labyrinths: Ancient Myths and Modern Uses, Sig Lonegren, 2015, Gothic Image Publications, Glastonbury

The Labyrinth and the Enneagram, Circling into Prayer, Jill Kimberly Hartwell Geoffrion and Elizabeth Catherine Nagel, 2001, Pilgrim Press, Cleveland

Labyrinth: Landscape of the Soul, Di Williams, 2011, Wild Goose, Glasgow

Labyrinths and Mazes: A Complete Guide to Magical Paths of the World, Jeff Saward, 2003, Lark Books (Sterling), New York, and Gaia Books (Octopus), London

Labyrinth Reflections, Cathy Rigali and Lorraine Villemaire,

http://www.labyrinthreflections.com/order

The Labyrinth Revival: A Personal Account, Robert Ferré, 1996, 2nd edition, Labyrinth Enterprises, LLC

Labyrinths for the Spirit: How to Create Your own Labyrinth for Meditation and Enlightenment, Jim Buchanan, 2006, Sterling Publishing Co., Gaia Books (Distributor), New York

Labyrinths, Walking Toward the Center, Gernot Candolini, 2001, Crossroads, New York

Labyrinth Journeys: 50 States, 51 Stories, Twylla Alexander, 2017, Springhill Publishing

Little Miracles on the Path: 20 Labyrinth Stories Celebrating 20 Years of Veriditas, www.veriditas.org/books

Living the Labyrinth, Jill K.G. Geoffrion, 2000, Pilgrim Press, Cleveland

The Magical Labyrinth, Ruth Weaver, 2013 Preschool - Kindergarten (for children)

Magical Paths: Labyrinths & Mazes in the 21st Century, Jeff Saward 2002, Mitchell Beasley (Octopus), London

The Magic of Labyrinths, Liz Simpson, 2002, Thorsons

The Mysteries of Chartres Cathedral, Louis Charpentier, 1972 Rilko Books, Rye

The Sacred Path Companion: A Guide to Walking the Labyrinth to Heal and Transform, Lauren Artress, 2006, Riverhead, New York

Steps Along an Unfolding Path: A Journey through Life and Labyrinths, Lars Howlett, 2011, Biomorphic.org

Through the Labyrinth: Designs and Meanings over 5000 Years, Hermann Kern, 1982, Prestel Press, New York

Walking a Sacred Path: Rediscovering the Labyrinth as a Spiritual Practice, Lauren Artress, 2006, Riverhead, New York

The Way of the Labyrinth: A Powerful Meditation for Everyday Life, Helen Curry, 2000, Penguin Books, New York

Way of the Winding Path: A Map for the Labyrinth of Life, M. A. Eve Eschner Hogan, 2003, White Cloud Press

Working with the Labyrinth, Ruth Sewell, Jan Sellers & Di Williams, 2013, Wild Goose Publications

Revistas

Caerdroia. The Journal of Mazes and Labyrinths. http://www.labyrinthos.net/caerdroia.html

Labyrinths Matter Newsletter, Australian Labyrinth Network.

Labyrinth Network North West Newsletter www.labyrinthnetworknorthwest.org/newsletters/2010/100423_LNN_Newsletter.pdf

Labyrinth Pathways. Labyrinthos (também disponível para Labyrinth Society members). www.labyrinthos.net

Little Miracles on the Path. Linda Mikel. www.veriditas.org

The Labyrinth Journal. (cópias disponíveis até o inverno 2012) www.veriditas.org/journal

TLS Members e-Newsletter. The Labyrinth Society.

DVD's

Rediscovering the Labyrinth: A Walking Meditation with Lauren Artress, Grace Cathedral, San Francisco

Labyrinths For Our Time: Places of Refuge in a Hectic World, The Labyrinth Society

Pathway to Change: Jail Labyrinth Project, Lorraine Villemaire and Cathy Rigali

The Troy Ride - A Labyrinth for Horses, Cordelia Rose & Ben Nicholson (outros DVDs com cavalos, cura e o labirinto estão disponíveis em Whitewater Mesa Labyrinths, www.wmlabyrinths.com).

O Guia de Recursos do Labirinto

Sociedades, órgãos de filiação e centros de pesquisa em labirintos

Labyrinth Launchpad. Portal principal de recursos multilíngües gratuitos e fontes de ajuda para explorar e introduzir o labirinto. Inclui treinamento para hosts de labirinto. www.labyrinthlaunchpad.net

The Labirinth Society. Organização mundial, cujos membros incluem criadores de labirintos, facilitadores de labirintos e qualquer um que tenha interesse ou apreço por labirintos. Os membros também têm acesso a um arquivo de artigos de periódicos, e podem desfrutar de uma troca de opiniões animada sobre tudo relacionado a labirintos através do grupo Facebook da Society. www.labyrinthsociety.org
Veriditas. Dispõe de treino e acreditação para guias de labirintos. Incentiva as melhores práticas para hospedagem em labirintos e promove os benefícios da caminhada no labirinto. www.veriditas.org

Labirinthos. O corpo de pesquisa e o centro de informações sobre a história, propósito e aplicação do labirinto. Publica as revistas anuais Labyrinth Pathways (disponíveis para membros da Labyrinth Society) e Caerdroia. www.labyrinthos.net

The Labyrinth Coalition. Coordenador de recursos, redes e eventos, com foco no Centro-Oeste dos EUA. www.labyrinths.org

The Labyrinth Guild of New England. Comunidade de aficionados por labirintos, facilitadores e organizadores de eventos sediada na Nova Inglaterra. www.labyrinthguild.org

The Australian Labyrinth Network. Uma comunidade de amantes do labirinto dedicados a promover a consciência do labirinto na Austrália. https://www.aln.org.au

Labyrinth Link Australia.
www.labyrinthlinkaustralia.org
Labyrinth Network Northwest (Pacific Northwest).
www.labyrinthnetworknorthwest.org

Labyrinth Network Northwest (serving the Pacific Northwest). www.labyrinthnetworknorthwest.org

Forums online, blogs, e media

https://www.facebook.com/labyrintharoundamerica/ Labyrinth Around America (Facebook).

https://www.facebook.com/LabyrinthSociety/

www.facebook.com/veriditas.labyrinth

www.facebook.com/LabyrinthosUK

www.facebook.com/labyrinthwellnessllc

www.facebook.com/Labyrinthing

www.facebook.com/Labyrinthireland-156708794360950

https://labyrintharoundamerica.wordpress.com/ Labyrinth Around America blog.

www.blogmymaze.wordpress.com

https://guerrillalabyrinths.wordpress.com/labyrinth-blog

http://labyrinthos.blog/

http://labyrinthyoga.com/blog

https://www.instagram.com/thelabyrinthsociety/

https://twitter.com/LabyrinthSoc

https://twitter.com/labyrinthwisdom

https://www.linkedin.com/in/veriditas-inc-8157019a

Motores de busca para labirintos

www.labyrinthlocator.com. O localizador mundial de labirintos. Extensa ferramenta de busca online para localizar um labirinto. Patrocinado pela The Labyrinth Society e Veriditas, Inc. através de uma generosa concessão da Faith, Hope and Love Foundation. Pesquisado e administrado por Jeff Saward, uma autoridade líder em história e desenvolvimento de labirintos e labirintos, editor fundador da Caerdroia - o Journal of Mazes and Labyrinths e cofundador e diretor do Labyrinthos.

www.labyrinths.org. O diretório de labirintos da The Labyrinth Coalition.

www.labyrinthlinkaustralia.org/labyrinth_directory.htm. Um mapa interativo de labirintos na Austrália.

https://www.aln.org.au/page-18093 Localizador abrangente de labirintos na Austrália, hospedado pela Australi-an Labyrinth Network

www.labyrinthnetworknorthwest.org/. (Noroeste Pacífico)

www.paxworks.com/labguy/hospitallinks.html. Links para labirintos hospitalares.

Facilitadores e aluguer de labirintos

www.veriditas.org/. Diretório "Encontrar um facilitador" da Veriditas. Facilidade de pesquisa avançada para encontrar um facilitador treinado pela Veriditas.

www.labyrinths.org/lablocators.html. O diretório de facilitadores do Labyrinth Coa-lition.

www.labyrinthguild.org. (Boston, área de MA)

Fabricantes de labirintos portáteis

Nota: A maioria dos fornecedores nesta e nas seções a seguir fazem envio de produtos / oferta de serviços em todo o mundo.

www.discoverlabyrinths.com. Discover Labyrinths LLC (EUA)

www.labyrinthbuilders.co.uk. The Labyrinth Builders (Reino Unido)

www.labyrinthcompany.com. The Labyrinth Company (EUA)

www.labyrinth-enterprises.com. Labyrinth Enterprises, LLC (EUA)

www.pathsofpeace.com. Caminhos da Paz, o criador do labirinto do Labirinto da América. (EUA)

www.paxworks.com. Paxworks (EUA)

www.robinmcgauley.com. Robin McGauley (Canadá)

www.veriditas.org/canvaslabyrinth. Veriditas (EUA)

Construtores e consultores de labirinto permanentes

www.pathsofpeace.com. Caminhos da Paz (EUA)

www.labyrinthbuilders.co.uk. The Labyrinth Builders (Reino Unido) www.labyrinthcompany.com. The Labyrinth Company (EUA)

www.labyrinthireland.com. labyrinthireland.com. Design de consultoria, facilitação e workshops (Irlanda)

http://www.labyrinthos.net/construction.html/. Labyrin-thos. Design, consultoria, publicações e passeios. (REINO UNIDO)

www.labyrinths.com.au/. Mark Healy Labyrinths (Austrália)

www.labyrinthsinstone.com. Labirintos em pedra (EUA)

www.veriditas.org/construction. Veriditas (EUA)

Fornecedores de labirinto pop-up

www.discoverlabyrinths.com/. Descubra labirintos. Construção de labirinto rápido e fácil para a comunidade e outros eventos por Lars Howlett. (EUA)

www.labyrinthsociety.org/make-a-abyrinth. Instruções sobre como fazer um labirinto da The Labyrinth Society.

The Sand Labyrinth Kit por Lauren Artress, 2002, Tuttle Publications. Inclui um livro, dois modelos e um saco de areia. www.veriditas.org

www.asacredjourney.net/2015/11/make-your-own-labyrinth. Artigo *do Journey Book Club* descrevendo três maneiras de criar o seu próprio labirinto.

www.centerforfaithandhealth.org/resources. Centro de Fé e Esperança. Oferece orientação sobre como criar um labirinto.

Consultores de Geomancia

www.bouldermasterbuilders.com. BoulderMasterBuilders / Dominique Susani, internacionalmente aclamado geomancer e construtor de labirintos. (França)

www.landandspirit.net. Terra e Espírito (Reino Unido)

www.markopogacnik.com. Marko Pogačnik, internacionalmente aclamado geomante e Artista pela Paz da UNESCO. (Eslovênia)

www.geomancy.org. Mid Atlantic Geomancy por Avalon na Holanda, Sig Lonegren, geomante vitalício e membro fundador da The Labyrinth Society (Holanda)

www.richardfeatheranderson.com/American_School_of_Geomancy.html. Escola Americana de Geomancia (EUA)

Fornecedores de labirintos miniatura

www.dasfingerlabyrinth.com/kaufen-2. Das Fingerlaby-Rinth (Alemanha)

www.dmhstudio.com. Estúdio DMH. (também oferece orientação sobre como fazer um labirinto de dedo) (EUA)

www.escapepathllc.com. ESCAPAR. CAMINHO (EUA)

https://goo.gl/bUpvoE. Labirinto de Veriditas Chartres (EUA)

www.harmonylabyrinths.com. Labirintos da Harmonia (EUA)

www.ispiritual.com. iSpiritual.com (EUA)

www.labyrinths.com.au/. Mark Healy Labyrinths (Austrália)

www.labyrinthshop.com. The Labyrinth Shop (EUA)

www.mindfulsoulutions.ca. Almas conscientes (Canadá)

www.mountainvalleycenter.com/labyrinth-gifts.php. Mountain Valley Center (EUA)

www.pathsofpeace.com. Caminhos da Paz (EUA)

www.paxworks.com/. Paxworks (EUA)

www.pilgrimpaths.co.uk. Peregrino Caminhos Ltd (UK)

www.qdimensions.com.au. QDimensions (Austrália)

www.relax4life.com/index.html Relax4Life (EUA)

www.robinmcgauley.com/. Robin McGauley (Canadá)

Padrão livre para crochê / tricotar um labirinto de dedo

http://www.welcatg.org/filebin/PDF/Labyrinth_FINAL.pdf. Mulheres da ELCA (on-line), inclui informações e instruções úteis sobre como usar o labirinto

Treino para Guias

www.labyrinthlaunchpad.org. O Labyrinth Launchpad oferece um caminho de auto-estudo e certificação gratuito para hospedagem de passeios de labirinto, bem como recursos gratuitos para o desenvolvimento de seus próprios programas de treinamento. (No mundo todo)

http://www.labyrinthguild.org/. A Guilda do Labirinto da Nova Inglaterra. Novas oficinas de oferta de comunidades baseadas na Inglaterra, introduzindo o labirinto. (EUA)

www.veriditas.org. Veriditas, o principal órgão de credenciamento de facilitadores de labirintos. (EUA, Europa e Austral-ia)

www.labyrinthjourney.com/index.asp. Jornada do labirinto. (EUA)

Labirintos Museu

www.butterflyzoo.co.uk. Labirinto do enigma, Symonds Yat, Herefordshire, Reino Unido. Um pequeno museu traçando a história de labirintos e labirintos.

Cartões de labirinto

www.helenwilltheartofhealing.com A Arte da Cura (Canadá). Lindamente desenhados decks de cartão para uso na meditação andando.

www.labyrinthwisdom.com. Cartões de Sabedoria do Labirinto (Irlanda). Oferece um baralho de 48 cartas e manual, ilustrando labirintos e colocando questões para reflexão.

Recursos para download

https://zdi1.zd-cms.com/cms/res/files/382/labyrinth_proposal_template-1.pdf. Modelo de proposta para um projeto comunitário ou institucional de labirinto. (The Labyrinth Society)

https://zdi1.zd-cms.com/cms/res/files/382/ChartresLabyrinth.pdf. Desenho de labirinto de Char-tres.

http://www.labyrintharoundamerica.net/Labyrinth_Walk_Handout_v01.pdf. Labyrinth Around America pre-walk handout (em inglês).

http://www.labyrintharameramerica.net/Labyrinth_Walk_HandoutES_v01.pdf. Labirinto em torno de América folleto de pre-paseo (espanhol).

www.centerforfaithandhealth.org/resources. Centro de Fé e Esperança. Oferece modelos para criação de laby-rinths de papel.

O Labirinto A-Ω

Outras fontes úteis para descobrir mais sobre labirintos

www.labyrinthlaunchpad.org. O Labyrinth Launchpad oferece treino e orientação multilíngue gratuitos para guias de labirintos, bem como uma variedade de recursos relacionados a aplicativos de labirinto e considerações sobre a introdução do labirinto em comunidades e organizações.

www.art.tfl.gov.uk/labyrinth. Uma fascinante pesquisa de uma grande obra de arte do sistema de metrô de Londres, de Mark Wallinger, que envolveu a instalação de obras de arte em labirinto em cada uma das 270 estações do metrô.

www.cathedrale-chartres.org/en/251.html Chartres Ca-thedral Labyrinth, Chartres, França

https://www.sadellewiltshire.com/. A Sadelle Wiltshire Med-itative Arts oferece cursos on-line regulares, apresentando o labirinto e usando o labirinto da arte (via vídeo e um grupo dedicado do Facebook).

www.centennialparklands.com.au Sydney Centennial Park Labirinto, Sydney, Austrália

www.gracecathedral.org/labyrinth. Grace Cathedral, em São Francisco

www.graceinhouston.org/visiting-joining/tree-of-life-abyrinth. Labirinto da "Árvore da Vida", Grace Episcopal Church, Houston, Texas

www.labyrintharoundamerica.net. Labirinto em torno da América. Casa do projeto do mesmo nome para levar um labirinto ao redor dos estados fronteiriços dos EUA continentais. Criado e mantido por Clive Johnson, autor deste livro. No Facebook: https://www.facebook.com/labyrintharoundamerica/, blog: labyrintharoundamerica.wordpress.com/

www.labyrinthos.net. Labirintos. Oferece uma ampla gama de informações sobre a história e os mistérios dos labirintos, incluindo uma extensa bibliografia e guias para labyrinths em vários países.

www.labyrinths.org/resources/worldpeacelabyrinth05.pdf. Labirinto da Paz Mundial

https://labyrinthsociety.org/tls-365-experience. A 365 Experience oferece experiências diárias na página e no website do The Labyrinth Society no Facebook para qualquer pessoa considerar, contemplar e usar, com contribuições de membros do TLS (não é necessário ter acesso a um labirinto para participar).

www.labyrinthsociety.org/labyrinths-in-places. Labirintos em locais oferece uma gama de recursos e orientação para indivíduos ou grupos que consideram a introdução de labirintos em diferentes contextos (incluindo escolas, igrejas, prisões, sessões de aconselhamento, retiros, parques públicos, colégios e universidades).

www.lessons4living.com/labyrinth.htm Recursos gerais.

www.reconciliationlabyrinth.withtank.com. O Labirinto de Reconciliação, África do Sul

www.ssqie.com/. Missão de Locais Sagrados. Dá aos alunos a expo-sure para diversas culturas, muitas vezes envolvendo projetos comunitários em labirintos. Veja também o site da própria Reginald Adams em www.reginaldadams.com/.

YouTube e vídeos online

www.youtube.com/channel/UCvlZ0FybLM_mqho HlT1Nqow. Canal dedicado do YouTube da The Labyrinth Society, inclui vídeos sobre vários tópicos, por ex. labirinto usa em igrejas (www.youtube.com/watch?v=6wB19SPNBQg), prisões (www.youtube.com/watch?v=W2uBjA4za-I) e escolas (www.youtube.com/watch?v=hkbtv2QR3IA) .

www.youtube.com/watch?v=o7u80ZLEh3M História do labirinto e caminhada pela The Labyrinth Society

www.youtube.com/watch?v=shpJpL9SKXM Labirinto - Uma Meditação Andante pelos Projetos de Cinema Tori Fiore

www.youtube.com/watch?v=rlPKFeevXZs&app=desktop Como fazer um labirinto de dedo acolchoado por mulheres da ELCA

www.youtube.com/watch?v=WJ6J2Haktdc Meditação ambulante: Grace Cathedral Labyrinth de Kirsten Johnson

www.labyrinthsociety.org/labyrinth-types. Tipos de labirinto - Um guia para os muitos tipos de labirintos encontrados em todo o mundo pela sociedade labirinto

https://www.youtube.com/watch?v=SX_orvEelak. Labirinto de folhas por descobrir labirintos. Stephen

Shibley e Lars Howlett mostram como fazer um labirinto usando folhas caídas.

www.youtube.com/watch?v=f9rt39iep5E. Lauren Artress no labirinto por Bob Hughes

http://art.tfl.gov.uk/labyrinth/about/. Sobre o labirinto por Mark Wallinger. O artista responsável por trazer obras de arte do labirinto para o sistema de metrô de Londres fala sobre este projeto inspirador.

www.youtube.com/watch?v=i33t89tnGfU. Criando um labirinto de fita adesiva por Warren Lynn

www.youtube.com/watch?v=7TjEo6y1_eY. Dedo Andando na Placa do Labirinto de Chartres

www.youtube.com/watch?v=jXluF1x1sbo. Potes de Cura de Labirintos explicados e experimentados por Lilou Mace

www.youtube.com/watch?v=I4jyt8KJyYw. Um pouco da história de Laby-rinth por Guideposts

www.youtube.com/watch?v=DgYTwmgGsJc. Locais de labirintos da The Labyrinth Society

www.youtube.com/watch?v=1aMAuekhi_A. A busca pelo significado no labirinto da vida - Lauren Artress e Phil Cousineau por VeriditasWebVideos

www.youtube.com/watch?v=ik1TdDNKfE8. Locais Sagrados da Quest Equador 2017: Vídeo promocional de Reginald Adams

www.youtube.com/watch?v=_GE-UBdXbrg Como fazer seu próprio labirinto de gesso por Lise Lotz

Podcasts

www.labyrinthsociety.org/media/categories/1708-podcasts. Ampla e crescente gama de podcasts da The Labyrinth Society.

www.abc.net.au/local/stories/2015/10/084326896.htm. Entrevista com Jo Cook, fundadora do grupo Tasmanian Recovery From Eating Disorders. O encontro de Jo com o labirinto ajudou-a a superar sua recuperação de um distúrbio alimentar.

www.abc.net.au/radionational/programs/breakfast/the-labyrinth/2992930. ABC Radio National RN Entrevista com a Dra. Lauren Artress.

www.abc.net.au/radionational/programs/spiritofthings/ladies--do- labirinto/6127862. O espírito das coisas, "La-dies do labirinto". Inspirando a ABC Radio National em entrevista com Lauren Artress e Emily Simpson, cuja visão e compromisso levaram à criação do labirinto do Sydney Centennial Park.

www.bestofbcb.org/out-002-landscape-artist-descreveseu-labirinto-emserene-park/. Bainbridge Community Broadcasting entrevista com Jeffrey Bales, criador de um labirinto de superfície de pedra baseado na comunidade.

www.labyrintharoundamerica.com/LaACJph.mp3. Clive Johnson fala sobre a inspiração e a intenção do projeto Labyrinth Around America.

http://www.onbeing.org/program/the-science-of-healing-places/4856. *Sobre estar com Krista Tippett*, "Esther Stern-Berg - A Ciência dos Lugares de Cura". Inclui reflexões sobre os benefícios dos labirintos como espaços de cura.

Clive Johnson

AGRADECIMENTOS

O meu agradecimento é extensivo a todos os professores, apoiantes e colegas de caminhada que me ajudaram na minha jornada no labirinto; para o TJ, o sempre fiel e leal Collie que ficou sentado ao meu lado durante grande parte da minha escrita; a Monica Douglas-Clark pela sua excelente prova de leitura; e ao Grande Divino - O Criador e Guardião dos mistérios do labirinto.

SOBRE O AUTOR

Clive Johnson é um guia de labirintos formado pela Veriditas, ministro interconfessional e entusiasta de labirintos. Este é o seu oitavo livro.

www.clivejohnson.info
www.clivejohnsonministry.com
www.labyrintharoundamerica.net
www.labyrinthlaunchpad.org

TAMBÉM POR CLIVE JOHNSON:

Picturing God: How to conceive and relate to the Divine (An Anthology)
Fairy Stories & Fairy Stories: Traditional tales for children, Contemporary tales for adults
Arabian Nights & Arabian Nights: Traditional tales from a thousand and one nights, Contemporary tales for adults
Being Spiritual: What this means, and does religion matter?
Understanding Interfaith: The What, Why, and Who

www.ingramcontent.com/pod-product-compliance
Lightning Source LLC
Chambersburg PA
CBHW071359080526
44587CB00017B/3136